Van Eyck in Detail

Van Eyck
in Detail

细节中的艺术家

细节中的凡·艾克

Maximiliaan P.J. Martens & Annick Born
[比] 马克西米利安·马滕斯　[比] 安尼克·伯恩 著
刁 卓 译

河北出版传媒集团

河北教育出版社

目　录

7　　　　引　言

9　　　　生　平

11　　　作　品

51　　　现实主义与技法

53　　　神

89　　　人

119　　自　然

145　　建　筑

175　　日常生活

203　　质　感

244　　译者注

246　　参考文献

248　　图片来源

引 言

我不是鲁本斯的忠实拥趸，却对扬·凡·艾克的作品仰慕至极。凡·艾克的格言是"尽力而为"（Als ich can），他凭借一句谦逊的"尽我之力"退居幕后，但这位卓越的大师的格言也有另一层含义，即雄心勃勃的"为我所能"。他当然能！

为了追随凡·艾克的足迹，我在自己的作品中试图遵循一个同样不可动摇的现实理念：现实胜于一切，不可撼动。记忆与想象力终究都是由现实而生，反之却不亦然。凡·艾克将这一点发挥至无人能及的程度。他对细节的把握正如本书中的若干图版所展示的那样无与伦比。无论是屋檐、珍珠，还是下巴上的胡须，每一条轮廓线都堪称完美。

尽管凡·艾克不是油画的发明者，但他无疑将油画技术带向了新的高度。用油调制的色彩可以层层叠叠地薄涂在白灰刷就的底板上，因此能够将镜子、宝石、珍珠与盔甲的反光表现得臻于完美。

对于一名比利时画家来说，这一切都令人备受打击，甚至从一开始就失去了绘画的欲望。毕竟我们谈论的不是卡斯帕·大卫·弗里德里希（Caspar David Friedrich）那样的艺术家，而是有史以来最出色的画家。他无疑是15世纪与16世纪大师中最伟大的一位。直到西班牙画家埃尔·格列柯（El Greco）与委拉斯开兹（Velázquez）出现之前，凡·艾克都所向无敌。

我在伦敦时常在国家美术馆的阿尔诺芬尼夫妇像前流连忘返。这幅油画令我尤为着迷，并非因其婚礼的隐喻，而是它所强调的现实感和与之前基督教信条的决裂。凸镜既反射了室内的陈设，也显示了其他不可见的景象，将现实上升至崇高。

吕克·图伊曼斯

生 平

尽管跻身西方艺术史上最伟大的艺术家之列，胡伯特·凡·艾克（Hubert van Eyck）和扬·凡·艾克兄弟的生平却几乎是一片空白。他们于何时何地出生、在何处接受了艺术训练、何时在根特市成名，都不得而知。通常认为扬出生于1390年前后，但此说无据可考。记录显示他们还有一个姐妹玛格丽特（Margaret）和一个弟弟兰布雷希特（Lambrecht），也都是画家，但二人的生平更是早已湮没无闻。

16世纪的材料显示扬来自现属比利时林堡省（Limbourg）的马泽克市（Maaseik），而从扬仅存的素描真迹上的题跋及其人生格言"尽力而为"的语言习惯来看，他有可能来自这个地区。法国宫廷画家让·马鲁埃（Jan Malouel 或 Maelwael）及其侄子林堡兄弟（Limbourg Brothers）也来自林堡地区。他们的作品为我们了解凡·艾克兄弟所受训练的风格提供了线索。

1422年至1424年间，扬在海牙市为巴伐利亚公爵、荷兰与泽兰伯爵约翰三世工作。《都灵－米兰时之书》中，一帧现已遗落的细密画描绘了伯爵在海牙附近沙滩上祈祷的情景。艺术史家对于这幅细密画（以及此本不完整的时之书中其他细密画）是否为凡·艾克兄弟作品尚无一致意见。尽管做了很多努力，仍然没有一幅作品可以被确定为胡伯特亲笔所作，这些作品亦有可能是由两人的合作者或后继者完成的。甚至在仅存的档案中，胡伯特这一在15世纪并不常见的名字，每次都以不同的拼写形式出现。档案记录：在1423年至1424年、1424年至1425年间，卢布雷希特大师（master Luberecht）为根特市民委员会画了两幅设计稿并且都获得了佣金；次年委员会代表参观了乌布雷希特大师（master Ubrecht）的工作室，还记录了付给画家学徒的小费；1426年3月初，胡伯特受一位名叫罗伯特·普提尔（Robert Poortier）的人委托，为毗邻圣巴夫（St Bavo）修道院的圣救世主教堂中的一座礼拜堂作画；1426年底，根特市财政官向卢布雷希特·凡·黑克（Lubrrecht van Heyke）的遗物征收"发布"税——证明胡伯特从未获得过根特市民身份。他死于1426年9月18日，留下了诸多未完成的画作。

胡伯特·凡·艾克的墓碑尚存（现藏于根特圣巴夫修道院），镌刻着纪念题词的嵌铜板可能早在1578年第二次圣像破坏运动中便已遗失，但所幸1568年根特人文作家马库斯·凡·瓦尼维克（Marcus van Vaernewijck）曾将内容逐字抄录下来。除了去世日期，题词还提到胡伯特生前名声显赫，其绘画也有着令闻广誉。无独有偶，《根特祭坛画》著名的四行诗也写道："画家胡伯特·凡·艾克，其名超群。"

早期学者，如纽伦堡人文学者闵采尔、根特修辞学家卢卡斯·德·赫尔（Lucas de Heere）分别在1495年、1559年，称胡伯特·凡·艾克安葬于《根特祭坛画》前的维德礼拜堂（Vijd Chapel）。但是鉴于礼拜堂地下是罗马古墓，学者们猜测也许只是其墓碑位于此处，而尸身则葬于教堂庭院。马库斯·凡·瓦尼维克还提到胡伯特前臂的骨骼由金属架支撑着展出，这只曾用于创作的手臂在其逝世后数百年间一直是著名遗物。

在胡伯特逝世前一年（1425年），扬·凡·艾克从荷兰迁至勃艮第公爵好人菲利普（Philip the Good）门下，担任勃艮第公爵画家与管家一职，主要负责公爵各府邸的装饰。公爵旋即委以其多项外交任务，公爵府账目中关于扬出差费用报销的记录透露出这些任务的秘密性：1425年"公爵令其前往遥远的某处执行无可奉告的任务"，1436年"前往遥远的异域地区"。

扬·凡·艾克于1428年10月至1429年12月间的一次外交出行目的地为葡萄牙，去协商公爵的第三次婚姻（对方为伊莎贝拉女亲王）。当时他绘制了两幅女亲王的肖像，一幅立刻通过陆运送给公爵，另一幅则由海路运回。有趣的是，这是扬·凡·艾克为好人菲利普创作的仅有的两幅有迹可考的作品。

好人菲利普曾在不同场合多次赞誉他的宫廷画家：刚进入公爵府上不久，扬便因"作品优异"受赏；1435年，公爵坚持要财务主管立刻向画家付款，因为"他如此精于其技艺，无人可以与之相当"。菲利普公爵还亲自承担了画家子女教父的责任。

甚至在1430年至1432年，扬忙于创作《根特祭坛画》期间，也频繁受到公爵的召见，接到如监督公爵的艾斯丹（Hesdin）城堡的装潢等任务。1432年，扬·凡·艾克定居于布鲁日，他在那儿买下一幢房子，很可能于当年与其妻子玛格丽特缔结良缘。他曾在1439年为玛格丽特绘制肖像（现藏于布鲁日格罗宁格博物馆），两人婚后至少育有两个子女。

凡·艾克在布鲁日的工作室聘用了几位助手。他们的名字、具体工作的内容均不得而知，参与创作的部分也尚未确认。作为一名宫廷画家，扬·凡·艾克不受当地行会条例的限制，他可以在任何地点为任何人工作。除了名作《卡农的圣母》（现藏于布鲁日格罗宁格博物馆）和《大臣洛林的圣母》（现藏于巴黎卢浮宫）外，扬也制作了一些手工艺性较强的作品，如为布鲁日市政厅立面雕像增添彩绘与镀金。

多米尼克斯·莱姆生（Dominicus Lampsonius）在1572年出版的著作《下日耳曼尼亚画家肖像》（*Pictorum Aliquot Celebrium Germaniae Inferioris Effigies*）中，以《根特祭坛画》的《正义法官》里第一位与第四位骑士的肖像，作为胡伯特和扬的挽歌配图。人们由此认为画中骑士与两位画家长相相近，但是这一形象与通常被视为扬自画像的《男子像》（1433年）相去甚远。

扬于1441年6月23日前不久去世，安葬于布鲁日的圣多纳蒂安（St Donatian）教堂，由于兰布雷希特的从中调停，他的墓碑也得以立于此地。扬去世后不久，菲利普公爵又向其遗孀支付了半年的薪水，此举颇不寻常。有记载显示，公爵也曾主持画家的葬礼，以示对其遗孀与子女哀思的同情。

作 品

该部分完整展示了本书所涉及的凡·艾克的绘画作品，并配有作品目录编号（与文中一致）和相关说明文字，作品按照时间顺序排列。

作品介绍包含以下内容：

——简短的描述性标题，大致的创作年份；

——当前收藏地；

——馆藏编号；

——以厘米为单位的作品尺寸，高度在前，宽度在后；

——技法。

1 画手 G（扬·凡·艾克？），《都灵－米兰时之书》，约 1420—1425 年

Hand G (Jan van Eyck?), *Turin-Milan Hours*

都灵，市立博物馆
手抄本 47
1. 《施洗者约翰的诞生》（*The Birth of St John the Baptist*）；页底画：《基督受洗》（*The Baptism of Christ*），第 93 页反面，约 28.4cm×20.3cm。
2. 《葬礼弥撒》（*The Funeral Mass*），第 116 页，约 28.4cm×20.3cm。
羊皮纸面蛋彩

这幅残片出自一部约于 1380 年至 1390 年间接受委托绘制的时之书，原书完成后命途多舛。1935 年都灵市立博物馆从一批米兰收藏中购得此书残本（因此得名《米兰时之书》），而与之配套的部分（即《都灵时之书》）却已在 1904 年都灵国家图书馆的一场大火中被毁。所幸早在 1902 年，法国艺术史家保罗·杜里欧伯爵（Comte Paul Durrieu）出版了《都灵时之书》的影印本，也正是杜里欧伯爵最早在两部残本中认出了胡伯特·凡·艾克和扬·凡·艾克的手迹。

1911 年，根特艺术史家乔治·胡林·德·洛（George Hulin de Loo）区分了该手抄本不同部分的作者，以画手 A 至画手 K 命名。胡林·德·洛认为最出色的细密画（由画手 G 完成）是胡伯特·凡·艾克的作品，而"画手 H"则为扬·凡·艾克。但后来的学者普遍认为"画手 G"才是扬·凡·艾克。

"画手 G"的细密画仅存两幅：《施洗者约翰的诞生》（以及手抄本第 93 页反面页底画《基督受洗》）与《葬礼弥撒》（手抄本第 116 页）。"画手 G"的第三幅作品《沙滩上的祷告》不幸毁于 1904 年的大火。

尽管艺术史学者们断定"画手 G"的细密画完成于 1417 年至 15 世纪 40 年代之间，但通常它们都被认为是年轻的扬·凡·艾克于 15 世纪 20 年代早期在巴伐利亚完成的作品。

艺术史学界对于作品的作者与年份尚无一致意见，然而笔者认为，"画手 G"的细密画中新颖的视错觉手法以及对光线细腻巧妙的处理都与扬·凡·艾克的油画作品一致。而且这些细密画均用表现力不如油彩的蛋彩技法完成，令我们的敬佩愈增。

参考文献：Châtelet 1993; Marrow et al.1996.

2 扬·凡·艾克与助手，《纽约双联画》，约 1430 年
Jan van Eyck & assistant, *New York Diptych*

> 纽约，大都会艺术博物馆，弗雷彻基金
> 馆藏编号：1933 33.92ab
> 1. 左：《基督受难》（*The Crucifixion*），56.5cm×19.7cm
> 2. 右：《最后的审判》（*The Last Judgment*），56.5cm×19.7cm
> 木板转布面油画

  所谓的《纽约双联画》出自何人之手并无定论，但此画通常被认为是扬·凡·艾克在 15 世纪 30 年代早期的作品，其中《最后的审判》上半部分由其与作坊助手合作完成。这两幅绘画也未必原本便是双联画，中间可能有另一幅作品现已失落。

  图像学研究却表明它们的确是双联画。艾西伯格（Eichberger）认为两幅绘画展示了基督一生中最富戏剧性的时刻：他的受难以及他最辉煌的胜利——最后的审判。叠手而立、望着哀恸的人群与圣母的红衣女子是女先知库迈，她预言了基督的受难与复活。如果此判断无误，则位置显著的女先知即在两幅绘画之间建立起了图像学联系。

  尽管画框上的拉丁文题跋提到了某位有识之士，此双联画的上款人仍未可知。但画面右侧的上帝选民中衣着华贵的宫廷人物，证明此画或与勃艮第宫廷中的某位人物相关。有关学者猜测，右侧十字架下方头戴风帽、身着貂皮镶边大衣望向观众的男子即本画的赞助人。

  两幅木板油画中繁复的细节以及叙事结构都与《都灵-米兰时之书》中"画手 G"的作品，以及扬·凡·艾克在《根特祭坛画》之前的相关作品有着紧密的联系。

参考文献：Eichberger 1987; Ainsworth 1998, 86–89.

3 胡伯特和扬·凡·艾克，《根特祭坛画：神秘羔羊之爱》，约1432年

Hubert and Jan van Eyck, *The Ghent Altarpiece:Adoration of the Mystic Lamb*

根特，圣巴夫大教堂
展开尺寸：总体约376.5cm×515cm
1.《亚当、该隐和亚伯》（*Adam,Cain and Abel*），
212.9cm×37.1cm（含原框尺寸：218.2cm×45.9cm）
2.《吟唱天使》（*Singing Angels*），
164.5cm×71.8cm（含原框尺寸：173.1cm×83.4cm）
3.《圣母》（*Mary*），168.9cm×75.1cm（无）
4.《神像》（*Deity*），212.2cm×83.2cm（无）
5.《施洗者约翰》（*John the Baptist*），168.5cm×75.2cm（无）
6.《奏乐天使》（*Music-Making Angels*），
164.5cm×73.1cm（含原框尺寸：173.5cm×83.2cm）
7.《夏娃、该隐和亚伯》（*Eve,Cain and Abel*），
213.5cm×36.1cm（含原框尺寸：218.4cm×45.2cm）
8.《正义法官》（*Just Judges*），
（由J.凡·德·维肯复制，含原框尺寸：157cm×65cm）
9.《基督精兵》（*Soldiers of Christ*），
146.2cm×51.4cm（含原框尺寸：157cm×65cm）
10.《神秘羔羊之爱》（*Adoration of the Mystic Lamb*），
138.1cm×243.3cm（无）
11.《隐士》（*Hermits*），
149cm×54.5cm（含原框尺寸：157.2cm×64.2cm）
12.《朝圣者》（*Pilgrims*），149.1cm×55.3cm
（含原框尺寸：156.9cm×64.2cm）
闭合尺寸：总体约376.5cm×260cm
13.《先知撒迦利亚与大天使加百列》（*Prophet Zacharias and the Archangel Gabriel*），164.5cm×71.8/72.3cm（含原框尺寸：173.6cm×83.3cm）
14.《女先知艾以翡与城景》（*Erythraean Sibyl and City View*），
212.9cm×37.1cm（含原框尺寸：218.2cm×45.9cm）
15.《女先知库迈与水槽》（*Cumaean Sibyl and Water Basin*），
213.5cm×36.1cm（含原框尺寸：218.4cm×45.2cm）
16.《先知弥迦与圣母》（*Prophet Micah and the Virgin Mary*），
164.5cm×71.8/72.3cm（含原框尺寸：173.7cm×83.5cm）
17.《朱斯·维德》（*Joos Vijd*），
149.4cm×54.3cm（含原框尺寸：158cm×64.6cm）
18.《施洗者约翰》（*St John the Baptist*），
149.3cm×55.1cm（含原框尺寸：157.1cm×65.1cm）
19.《传福音者约翰》（*St John the Evangelist*），
149cm×55.3cm（含原框尺寸：157cm×64.3cm）
20.《伊丽莎白·勃鲁特》（*Elisabeth Borluut*），
148.9cm×54.3cm（含原框尺寸：157.1cm×64.4cm）

木板油画

画框上题跋及签名：
PICTOR HUBERTUS E EYCK. MAIOR QUE NEMO REPERTUS / INCEPIT. PONDUS. Q[UE] JOHANNES ARTE SECUNDUS / [FRATER] PERFECIT. JUDOCI VIJD PRECE FRETUS / VERSU SEXTA MAI. VOS COLLOCAT ACTA TUERI

"全欧洲无一能与之媲美的精彩祭坛画"，1568年，根特编年史家马库斯·凡·瓦尼维克如此评价他所在的城市中最重要的名胜。著名艺术家阿尔布雷特·丢勒亦对该祭坛画赞誉有加。1495年，希罗尼穆斯·闵采尔（Hiëronymus Münzer）评论道，"又一位精益求精的优秀画家，后来变得更忧郁癫狂"，他所暗示的"前一位"，很可能是雨果·凡·德·古斯[1]。凡·瓦尼维克认为《根特祭坛画》的伟大源自艺术家的三个关键品质：对自然的观察、知识与耐心。他还断言，任何观众都会为其名不虚传的品质折服。扬·凡·艾克的确是第一位对自然观察得如此入微的艺术家。

16世纪的修辞学家卢卡斯·德·赫尔评论此多联画是"镜子而非画作"。亚当与夏娃像的自然主义特征尤为令人吃惊。亚当似乎从壁龛的阴影中浮现到了观众所在的空间，他的右脚几乎踏出了画面。凡·艾克在处理亚当像的光线时，考虑到了《根特祭坛画》原所在地维德礼拜堂通过窗户照射进来的自然光。因此，在将画面空间以视错觉的方式延伸至观众所处现实空间的技法方面，《根特祭坛画》比同时代的其他作品都更胜一筹。对光线细节的关注，同样体现在对大量珠宝、贵金属的处理上，当然也包括各种其他材料，如厚重的羊毛服装、金色锦缎、木雕装饰、瓷砖、花卉等。

但是，凡·艾克的兴趣并不限于光线、反光与阴影，也包括一切其他令人敬佩的对自然的模仿。显然，凡·艾克的观察能力与其丰富的科学知识密不可分。他的赞助人——勃艮第公爵好人菲利普也对他的博学赞誉有加（见本书"生平"部分）。凡·艾克可能对神学文本了然于胸，或是有专家从旁指点。当然，他最擅长的仍是油画领域的知识（见本书"现实主义与技法"部分）。

侧翼闭合时，祭坛画上半部分为《受胎告知》图，大天使加百列与圣母之间有一个双联拱窗和一个水槽。窗外的景象为根特的短

17

巷（Korte Dagsteeg）和旧城门（Walpoort）。《受胎告知》上方则是先知撒迦利亚（Zacharias）与弥迦（Micah），女先知艾以翡（Erythrae）以及预言了基督降生的女先知库迈（Cumaea）。

在侧翼闭合后的祭坛画下半部分，两位赞助人虔诚地跪在施洗者约翰（St John the Baptist）与传福音者约翰（St John the Evangelist）的雕像前。四个人物都被安排在有着纤细立柱与哥特式百脉根（trefoil）窗花格的浅壁龛中。朱多库斯·维德（Judocus Vijd）是根特市政厅中声名煊赫的一员，他的妻子伊丽莎白·勃鲁特（Elisabeth Borluut）出身于根特市最具政治影响力的一个家族。

施洗者约翰是圣约翰教堂（此教堂1540年才改为圣巴夫教堂）的守护人。在四行诗题跋中提及的5月6日（见后文），根特庆祝了罗马的拉丁门前圣若望（San Giovanni a Porta Latina）圣殿节[2]，圣约翰或许也是维德家族的主保圣人。

祭坛画的下半部分成了其上方《受胎告知》的基座，在《受胎告知》中，低矮的木质天花板取代了祭坛下半部分的哥特式窗花格，形成了观众所处空间的某种三维延伸。这种视错觉又因画框在画面中地砖上的投影得到进一步加强。艺术家用这种方式令基督的神性与观众所处的现实合二为一。

侧翼闭合时画面的庄重，与侧翼打开后的缤纷色彩形成了强烈的对比。画中的雕像并未施色，主要人物衣着颜色柔和，珠宝首饰几乎无迹可寻。平日以及整个大斋节期间，《根特祭坛画》均以此面示人。

只有在礼拜日与重要的宗教节日到来时，祭坛画才会打开。《根特祭坛画》对当时观众的视觉冲击必然是巨大的。侧翼打开的瞬间，基督降生为凡人的现实感，立刻被救世主得以永生的壮丽天堂美景所取代。

在一片草坡的中央，象征着基督的羔羊立于祭坛上，他为世人牺牲的鲜血滴落在圣杯中。对于基督受难的指涉，即基督牺牲自我完成对世间的救赎，是基督教信仰的核心。祭坛四周环绕着天使与祈祷者们，他们是基督最早的追随者，手中都拿着与基督受难相关的物品或提炉。

前景中有一座喷泉，镶满宝石的八角形大理石水槽上镌刻着"这生命之水的源头是神和羔羊的宝座"[3]。源源不断的水流象征着追随基督的人将永被福泽。基督的追随者们从四面八方涌来，画面右侧是耶稣的使徒，在他们身后身着礼拜仪式红色法衣的是殉道者。在画面左侧，一些先知手捧着打开的书本，戴着异域头饰的犹太人代表着《旧约》，而先知与殉道者们则代表着《新约》时代。

在崇拜画面的左上方，以拉丁教父们为首的忏悔者们正朝着羔羊走来；右上方的女圣徒们手持象征着殉道的棕榈叶。

祭坛画下半部分两侧还有更多朝着羔羊前行的信徒：右侧是放弃了世俗享乐，追求精神富足的隐士与朝圣者们；左侧的骑士分别是正义法官（此幅木板画原作被盗，现存为20世纪复制品）与基督精兵，各国君主紧随其后。他们代表着对教廷以及基督教正义美德的守卫力量。

五块木板画的天空部分相互衔接，当中高悬着的白鸽圣灵则是连接祭坛画上、下部分的图像学符号。白鸽下方是上帝之子基督化作的羔羊，上方则是端坐于宝座上的神像，三者共同构成对三位一体的指涉。

如永生源泉一样，凡·艾克兄弟又一次令人信服地再现了基督教神学中最复杂而抽象的主题，令无法想象之物真实地呈现于世人眼前。基督两侧的圣母与施洗者约翰，借鉴了古老的拜占庭图像传统中的祈祷图（Deesis）。然而，在中世纪的观众眼中，宝座上抬手祝福的基督与《最后的审判》的传统图示更为接近。

圣母以第一位世人中保（mediatrix）的形象出现，通过读书展示她的美德：纯洁、爱和谦逊。施洗者约翰手指向基督，他最先发现了基督的神性，并称其为上帝的羔羊（Lamb of God）。三位中心人物尺幅可观，呈对称式布局，他们身着色彩鲜艳而和谐的蓝－红－绿三色服饰，佩戴着光彩夺目的珠宝。而在他们左右两侧，吟唱与奏乐天使演奏着当时的复调音乐，对声音的暗示令神圣荣耀的异象更加充实。

人类始祖亚当与夏娃见证着这神圣的崇拜，出于羞愧，他们还遮住了自己赤裸的身体。整幅祭坛画中只有亚当与夏娃是以观众的视角呈现，二人从浅壁龛中浮现至我们所处的空间，与世俗观众建立起联系。

侧翼外框上镌刻的题跋提供了《根特祭坛画》背后的历史信息，包括作者、完成时间以及赞助人的身份。这首四行诗在格式上属于扬抑抑六步格莱昂体（Leonine verse）。

Pictor Hubertus e Eyck . maior que nemo repertus
Incepit . pondus . q[ue] Johannes arte secundus
[Frater] perfecit. Judoci Vijd prece fretus
VersU seXta MaI . Vos CoLLoCat aCta tUerI

凡·德·维尔顿（Van der Velden）的译本最为准确：

画家胡伯特·凡·艾克，其名超群，
自此作始。其胞弟扬，名冠第二。
受朱多库斯·维德之命，大功毕成。
五月六日，献此被泽蒙庥之作。（1432年）

最后一行诗中暗藏着纪年铭，将字母中的罗马数字相加（U和V均为5）即可得出：$5 + 5 + 10 + 1000 + 1 + 5 + 100 + 50 + 50 + 100 + 100 + 5 + 1 = 1432$。

从这段题跋中我们可以得知，此作品受朱多库斯·维德委托，由胡伯特·凡·艾克开始，他的弟弟扬·凡·艾克完成，1432年5月6日祝圣。近年，凡·德·维尔德（Van de Velde）坚称祝圣时完成的只有祭坛画的中下部（"崇拜"）和祭坛座侧面展示地狱的图像，侧翼与祭坛画的上半部分都是后来添加的，完整的祭坛画完成于1435年。

自1823年这段题跋被发现后，学界对其真实性、信息的可靠性以及含义都展开过激烈的争论。参与祭坛画创作的两位艺术家胡伯特与扬·凡·艾克，是艺术史鉴赏传统中最重要的基石之一。然而尚未有学者能分辨出两位艺术家各自的手笔。无论是用显微镜观察颜料样本，用红外线反射成像技术观察草图，还是用 X 射线分析木板在绘画过程中的变化，都未能提供区分不同手迹的可靠线索。但毫无疑问，因有其他史料的佐证，四行诗中的信息是可信的。有两位目击者可以证明胡伯特的参与：1495 年参观了《根特祭坛画》的闵采尔，以及 1517 年见过此画的安东尼奥·德·贝亚蒂斯（Antonio de Beatis），贝亚蒂斯曾任红衣主教路易吉·达拉戈纳（Luigi d'Aragona）的秘书。闵采尔与卢卡斯·德·赫尔都曾在著作中提到艺术家安葬于维德礼拜堂祭坛前方。

扬·凡·艾克安葬于布鲁日，因此维德－勃鲁特基金会附近至少安放着胡伯特的墓碑，由此可见双方非比寻常的情谊。德·贝亚蒂斯得知，此祭坛画的画家并未完成作品便不幸离世，由他同为艺术家的弟弟接手并完成。这一与四行诗题跋一致的说法，可能是贝亚蒂斯参观根特期间听说的。然而作品材料与记述文字之间明显的矛盾尚未得到解释，成为西方艺术史最吸引人的谜题之一。

参考文献：Coremans 1953; Panofsky 1953, 205–230; Dhanens 1965; Dhanens 1980, 72–121; Van de Velde 2011.

4 《男子像》（迪莫蒂乌斯，忠诚纪念），1432 年

Portrait of a Man ("Tymotheos","LEAL SOVVENIR")

伦敦，国家美术馆
馆藏编号：NG 290
33.3cm × 18.9cm
木板油画

签名：ACTU[M] AN[N]O D[OMI]NI. 1432. 10. DIE OCTOBRIS. A IOH[ANNE] DE EYCK
题跋：TYM・ωθEOΣ; LEAL SOVVENIR

画面中的男子位于一堵矮墙后，身穿皮草镶边的红色长袍，头戴方巾，手持卷轴望向画面之外，并未与观众的视线相接。

矮墙上的铭文为画中人的身份提供了线索，历来认为"TYM・ωθEOΣ"是指古希腊著名音乐家米利都的蒂莫特乌斯[4]，潘诺夫斯基（Panofsky）也由此推断画中人为扬·凡·艾克的同僚、勃艮第宫廷音乐家吉尔·班舒瓦（Gilles Binchois）。学者坎普贝尔（Campbell）则指出，班舒瓦是神职人员，而画中人穿的是普通信徒的服装。他手中的卷轴也与音乐家的身份不符，但其他推断更是难以令人信服。因此，画中人的真实身份很有可能随着作品原框一起丢失了。

题跋"忠诚纪念"可以被理解为一种怀念式的说法，即画中人已不在人世。凡·艾克在此画落款中写下了准确的日期：1432 年 10 月 10 日。通常认为这一日期为画作完成的时间。但他为何会使用公证文书或法律文书中才会出现的"完成"（Actum）一词仍有待考证。

参考文献：Panofsky 1953, 196–201; Campbell 1998, 218–223.

5 《男子像》（自画像？），1433 年

Portrait of a Man (self-portrait?)

伦敦，国家美术馆
馆藏编号：NG 222
25.7cm × 19cm（含原框尺寸：33.1cm × 25.9cm）
木板油画

画框上签名及格言：
JOH[ANN]ES. DE. EYCK. ME. FECIT. AN[N]O. M°CCCC°.33°.21. OCTOBRIS / ΑΛΣ IXH XAN

　　自从被阿伦德尔伯爵托马斯·霍华德（Thomas Howard, Earl of Arundel, 1585—1646 年）的艺术收藏登记在册，此幅肖像就被认为是扬·凡·艾克的自画像。这一判断或许属实，因为若画中为他人，便无法解释落款中的艺术家个人格言与签名。而这位男子凝聚的目光，正是艺术家对着镜子创作自画像时的典型眼神。

　　红色的头饰常被误认为是头巾，实则为四角卷起的勃艮第风帽。坎普贝尔认为风帽被卷起是为了方便艺术家进行创作。

参考文献：Campbell 1998, 212–217.

6 《乔瓦尼（？）·阿尔诺芬尼与妻子》，1434 年

Giovanni (?) Arnolfini and his Wife

伦敦，国家美术馆
馆藏编号：NG 186
82.2cm × 60cm
木板油画

签名：Johannes de eyck fuit hic/.1434.

从许多方面来说，《乔瓦尼（？）·阿尔诺芬尼与妻子》都是早期尼德兰绘画史上最重要的作品。此画的流转有详尽的记录。1516 年，尼德兰摄政王、奥地利的玛格丽特的收藏名录中首次出现此画，并称画中人为赫尔努尔·勒·芬（Hernoul le fin）与妻子。

伟大的艺术史家潘诺夫斯基以此画为主题完成了突破性的论文。在论文中，他第一次介绍了"伪装的象征主义"（disguised symbolism）这一概念，并示范了 20 世纪艺术史学界最具影响力的研究方法——图像志。潘诺夫斯基认为这幅双人肖像是绘画形式的婚约，每一个日常细节都是此画含义的象征。男子抬起的手代表他在进行结婚宣誓，燃烧的蜡烛令人想起婚姻圣事（sacrament of marriage）中上帝的参与，狗象征着忠诚，扫帚象征着贞洁。背景中的镜子映照出正在进入房间的证婚人。潘诺夫斯基认为，墙上罕见的签名"扬·凡·艾克曾在此"（Johannes de eyck fuit hic）说明画家不仅用绘画记录了这一事件，也作为法律意义上的证婚人参与了婚礼。

根据奥地利的玛格丽特收藏名录记载的姓名（法文），学界一直认为这对夫妻是当时居住在布鲁日的卢卡商人乔瓦尼·迪·阿里戈·阿尔诺芬尼（Giovanni di Arrigo Arnolfini）和他的妻子乔万娜·塞纳米（Giovanna Cenami）。然而，当研究发现乔瓦尼·迪·阿里戈·阿尔诺芬尼与乔万娜·塞纳米 1447 年才成婚，比此画上标注的日期晚了 13 年时，画中人的身份也受到了严重的质疑。乔瓦尼·阿尔诺芬尼的侄子，同样居住在布鲁日的丝绸商人乔瓦尼·迪·尼科劳·阿尔诺芬尼（Giovanni di Nicolao Arnolfini）成为画中主人公的候选人物之一。然而，后者 1426 年就已经与康斯坦萨·特伦塔（Constanza Trenta）成婚，比该画的创作时间早太多（如果此画为纪念婚礼），何况康斯坦萨在 1434 年便已去世。因此只有两种可能：画中人或是尼科劳与他的第二任妻子（关于她我们一无所知），或是在康斯坦萨去世后完成的纪念性画像。

参考文献：Panofsky 1953, 201–203; Campbell 1998, 174–211; Koster 2003.

7 《受胎告知》，约 1434—1436 年

Annunciation

华盛顿，国家美术馆，安德鲁·W. 梅隆收藏
馆藏编号：1937.1.39
90.2cm × 27.1cm
木板转布面油画

根据垂直的画幅以及画面左侧的拱廊，可以推断这幅《受胎告知》或许曾是某幅三联画的左翼。但在 19 世纪时，此画面被从原初的木板揭转至帆布面，导致这一推断已无据可考。

画面取景于一座早期哥特式教堂。大天使加百列身穿金红相间的奢华锦袍，可与《根特祭坛画》中吟唱天使的法衣相提并论。夺目的红色与圣母的群青色衣饰形成了强烈的对比。同样是受胎告知主题，此画鲜艳的色彩、垂直的构图与教堂的内景都与《根特祭坛画》外侧的画面截然不同。

学界对于此画是否为扬·凡·艾克所作尚存的疑虑，均随着 1994 年修复与检测工作的完成而烟消云散，因为画面的技法与已知的扬·凡·艾克署名的作品完全一致。然而华盛顿藏的《受胎告知》完成的时间仍有争议，只能大概确定为 15 世纪 30 年代中期。

参考文献：Hand and Wolff 1986, 76–86; Gifford 1999, 108–116.

8 《卡农的圣母》，1436 年

Virgin and Child with Canon Joris van der Paele

布鲁日，市立博物馆，格罗宁格博物馆
馆藏编号：000 0GR00161.1
122.1cm × 157.8cm（含原框尺寸：140.8cm × 176.5cm）
木板油画

画框上签名及题跋：HOC OP' FECIT FIERI MAG[ISTE]R GEORGI[US] DE PALA HUI[US] ECCLESIE CANONI[CI] P[ER] IOHANNE[M] DE EYCK PICTURE[M]. ET FUNDAVIT HIC DUAS CAPELL[AN]IAS DE I[N] GREMIO CHORI DOMINI. M. CCCC. XXXIIII. COMPLEVIT AUTEM. 1436.

此画为扬·凡·艾克现存尺幅第二大的作品。在一座圆形的罗马式教堂中，宝座上圣母的膝头坐着圣婴，圣母头顶的华盖、精雕细琢的宝座，以及脚下东方风格的地毯，都衬托出她的庄严。画面右侧，圣乔治礼貌地抬起头盔，向圣母介绍跪着的供养人。通过画框上的题跋可知供养人为乔里斯·凡·德·佩勒（Joris van der Paele），佩勒结束了在梵蒂冈宫的漫长任职期后，晚年在布鲁日圣多纳蒂安（St Donatian）教堂担任法政牧师（canon）。画面左侧即为此教堂赞助人，此人身披蓝金相间的锦缎十字褡，其形制与教堂库存记录中的一件法衣类似。

乔里斯·凡·德·佩勒安葬于圣多纳蒂安教堂的佩勒家族礼拜堂中，此处亦是他每日举行弥撒的场所。这幅画很有可能就是为了纪念他而作。

参考文献：Janssens de Bisthoven 1981, 194–233; Martens 2005, 366–377.

9 《大臣洛林的圣母》,约 1434—1436 年
The Virgin and Child with Chancellor Nicolas Rolin

巴黎,卢浮宫
馆藏编号：1271
65cm×62.3cm
木板油画

在宫殿般的场景中,圣母和圣婴仿佛是在矮台上祈祷的勃艮第大臣尼古拉斯·洛林（Nicolas Rolin）眼前的幻象。圣婴正在为大臣祈福,而圣母头顶的一位天使正为她加冕。柱廊连着一座花园,墙外广阔的风景延伸至天际。宽阔迂回的河流将一座大型城市分为两半,中间横亘着一座长桥。宇墙边背对观者而立的两个人物引导着观众将视线投向这些风景。

此幅作品原框上很可能与《卡农的圣母》《德累斯顿三联画》一样,有艺术家的落款与日期,但该作原框已不幸丢失。尽管如此,学界仍公认此画为扬·凡·艾克的真迹。作品完成时间常因绘画风格而被推定为 1437 年前后,但笔者认为画面上宏大的风景说明其完成时间更早,与《卡农的圣母》相近,即 1435—1436 年前后。此外,这幅画曾是欧坦（Autun）大学圣母院的洛林礼拜堂中的纪念物。

参考文献：Dhanens 1980, 266–279; Comblen-Sonkes and Lorentz, 1995, I, 11–80.

10 《卢卡圣母》,约1436年

Lucca Madonna

法兰克福,施泰德博物馆
馆藏编号:944
63.8cm × 47.3cm
木板油画

  与《卡农的圣母》一样,此画中宝座上的圣母头顶有华盖,脚下则有华贵的东方风格地毯,她正在哺育圣婴。描绘这一场景的图像在扬·凡·艾克的作品中仅此一例。雕刻着狮子的宝座(暗指所罗门王的智慧宝座)位于一个狭小的房间内。画面左侧是一扇圆拱窗,右侧壁龛中摆着一只玻璃瓶、一个烛台以及一个水盆,这些静物的细节令人想起《根特祭坛画》中的《受胎告知》。华丽的瓦伦西亚花砖地面也同样引人注目。

  这幅画被公认为凡·艾克的作品。由何人委托完成已无从考证,这一信息很有可能在原框上,但是原框已经丢失。不过,从风格上可以断定此画创作于1436年前后。19世纪早期,此画由意大利卢卡的马奎斯·奇塔代拉(Marquis Cittadella)收藏,因此得名《卢卡圣母》。

参考文献:Sander 1993, 245–263.

11 《扬·德·莱乌像》，1436 年

Portrait of Jan de Leeuw

维也纳，艺术史博物馆
馆藏编号：GG 946
24.4cm×19.3cm（含原框尺寸：33.3cm×27.5cm）
木板油画

画框上签名及题跋：IAN DE（狮子图像）OP SANT ORSELEN DACH / DAT CLEAR EERST MET OGEN SACH. 1401. / GHECONTERFEIT NU HEEFT MI JAN / VAN EYCK WEL BLIICT WANNEER BEGA[N]. 1436.

布鲁日金匠扬·德·莱乌（据原框上题跋）出生于 1401 年 10 月 21 日（圣厄休拉节），此画完成时他 35 岁。和现藏于伦敦的所谓艺术家自画像一样，画中人物贴近绘画表面，仿佛从黑暗中浮现至观众所在的空间。莱乌的目光并不是探究的，而是谨慎又温和的。他身穿皮草镶边的深色大衣，头戴深色风帽，右手举着一枚戒指——这是他职业的清晰指代。

参考文献：Panofsky 1953, 198–201; Dhanens 1980, 238–241.

12 《德累斯顿三联画》，约 1437 年

Dresden Triptych

德累斯顿，国家艺术收藏馆油画陈列馆
馆藏编号：799
1. 左：《大天使米迦勒与跪姿的捐赠人》（*Archangel Michael with Kneeling Donor*），27cm×8cm（含原框尺寸：33.1cm×13.6cm）
2. 中：《教堂内部宝座上的圣母子》（*Virgin and Child Enthroned in a Church Interior*），27cm × 21.5 cm（含原框尺寸：33.1cm×27.5cm）
3. 右：《圣加大肋纳》（*St Catherine*），27cm×8cm（含原框尺寸：33.1cm×13.6cm）
4—5. 闭合：《受胎告知》（*The Annunciation*）
木板油画

中央画框上签名及格言：
JOHANNES DE EYCK ME FECIT ET C[O]MPLEVIT ANNO DM M-CCCC-XXXVII.ALC.IXH.XAN

两翼闭合时，这座袖珍的三联画外侧画着两尊精致的素面雕塑：长方形的壁龛内，加百列与圣母站在多边形的基座上。而展开时，中央画幅描绘了一座哥特式教堂中殿，宝座上的圣母子上方贵重的锦缎华盖仿佛是从画框上垂下来的。圣母子望向左边的侧廊，作品的供养人跪在他的守护天使米迦勒前面，而此二人均望向对面侧廊中正在读祈祷书的圣加大肋纳。

贯穿于三联画中的教堂内景共同构成完美统一的空间，其中的光线也合理而和谐。

捐赠人的身份仍然成谜。画框上有两枚纹章。近年研究表明左侧的一枚为热亚尼斯·朱斯蒂尼亚尼（Genoese Giustiniani）家族的家徽，右侧的纹章尚有待研究。尽管朱斯蒂尼亚尼家族于15世纪30年代的确曾在布鲁日经商，但是现存文献中尚未发现名为米加利（Michele）的家庭成员。

画框上证明此画为扬·凡·艾克真迹（19世纪初期便有此推测）的题跋，直到1959年其上层覆盖的颜料被清理后才为人所知。然而，1437年这一年份晚于过去基于风格分析的推断时间。这一发现也严重影响了我们对于凡·艾克作品年表的梳理，学界对此尚未达成统一意见。

参考文献：Neihardt and Schölzel 2000, 25–39.

35

13 《受胎告知双联画》，约 1437—1439（？）年

The Annunciation Diptych

马德里，蒂森－博内米萨博物馆
馆藏编号：nos. 1933.11.1-2
1. 左：《天使加百列》（*The Angel Gabriel*），38.8cm×23.3cm（含原框）
2. 右：《圣母受胎告知》（*The Virgin Annunciate*），38.8cm×23.4cm（含原框）
木板油画

蒂森－博内米萨博物馆收藏（Thyssen-Bornemisza Collection）中素面的《受胎告知》尽管尺幅更大，仍与《德累斯顿三联画》外侧的图像类似。与《德累斯顿三联画》侧翼不同的是，此处绘制的大理石雕像背后还绘有反光的黑色石板。雕像的尺寸超过了它们所在的壁龛，加百列的右翼似乎伸进了观众所在的空间。

相比《德累斯顿三联画》上的雕像，这两尊雕像上的光线更为明亮。从右上方斜射下来的光线令雕塑的暗部与在石板上的影子互为对照。绘制的石质边框上方与实际木框相接处的题跋，进一步加强了画面深度的视错觉。

参考文献：Hand, Metzger and Spronk 2006, 70–77.

14 《圣巴巴拉》，1437 年
Saint Barbara

安特卫普，皇家艺术博物馆
馆藏编号：410
32.3cm×18.5cm（含原框尺寸：41.1cm×27.6cm）
橡木板上黑色墨水与油彩

画框上签名：.JOH[ANN]ES DE EYCK ME FECIT. 1437.

圣巴巴拉坐在地上，铺展的衣摆与画面同宽。在她身后（与她静穆读书的样子截然相反），细致描绘了中世纪晚期建筑工地上热火朝天的施工场景。献给圣巴巴拉的塔楼式教堂已经完成了两层，但外立面显然还在继续加高。

学界对此作品最主要的争议是它究竟是一幅业已完成、后续添加了背景色的素描，还是出于某些原因未能完成、只停留在素描阶段的油画。准确的线条、笔触、白色的高光，以及精心添加的大理石纹都表明这是一幅已经完成的作品，但这样的作品在同一时期是绝无仅有的。如今我们对扬·凡·艾克极为精细的打稿技法已不再陌生，他会创作如此高完成度的素描也在意料之中。

卡莱尔·凡·曼德尔（Karel Van Mander）的著作《绘画手册》（*Schilderboeck*，1604）中记载着，在他的老师——根特画家与修辞学家卢卡斯·德·赫尔——的收藏中，有一幅未完成作品，指的很可能就是这一幅。

参考文献：Van Asperen de Boer 1992, 9–18; Billinge, Verougstraete and Van Schoute 2000, 41–48.

15 《男子像》（应为红衣主教尼古拉·阿尔贝加蒂），约 1435—1438 年

Portrait of a Man (identified as Cardinal Niccolò Albergati)

德累斯顿，国家艺术收藏馆铜版画陈列馆
馆藏编号：C 775
21.4cm × 18.1cm
成品纸上银针笔画

这是唯一一幅确凿无疑的扬·凡·艾克素描作品。它呈现了一名老年男子向左斜侧的半身像。画面左侧艺术家用荷兰语标注了一串色彩，以备现藏于维也纳的一幅肖像画使用（详见后文）。

近年的同步加速器研究表明凡·艾克在绘制人物面孔、服装以及画面底部的水平线时使用了几乎纯银的针笔。阴影部分使用的是铜含量较高的银针笔，题跋由含金的银针笔写成，部分面部五官也由这支笔刻画。通过不同针笔的使用以及不同影线的交叠，艺术家实现了微妙的画面变化。

维也纳的油画尺寸比德累斯顿的素描要大。凡·艾克怎样实现了等比放大？显微镜观察发现左眼、嘴角、下巴与耳垂的位置均有圆规作图留下的针孔。利用圆规及勾股定理，油画的长和宽都放大到了素描稿的 1.41（=$\sqrt{2}$）倍：在平面直角坐标系上以原点为圆心、以素描稿上两点间长度为半径[5]画一个圆，该圆与两数轴正轴的交点所连线段的长度即为放大后的相应两点间长度。

参考文献：Ketelsen et al. 2005, 170–175.

16 《男子像》（应为红衣主教尼古拉·阿尔贝加蒂），1438 年

Portrait of a Man (identified as Cardinal Niccolò Albergati)

维也纳，艺术史博物馆
馆藏编号：GG-975
32.5cm × 25.5cm
木板油画

画中人一直被认为是红衣主教尼古拉·阿尔贝加蒂（Niccolò Albergati），他曾作为教皇代表参与了关于《阿拉斯条约》（Treaty of Arras，1435）的关键谈判，以期结束法国、勃艮第与英国的百年战争。这一说法的依据，主要来自 1659 年奥地利首席大公利奥波德-威廉（Archduke Leopold-William）藏品目录中对一幅绘画作品的著录，以及 1648 年将此画售于首席大公的彼得·史蒂文斯（Peeter Stevens）留下的一条笔记。这两条文献均提到了阿尔贝加蒂的头衔之一"圣十字红衣主教"，史蒂文斯的笔记中甚至记录了作品的年份为 1438 年。

最近这一说法受到了质疑。画中人并未穿着加尔都西会（Carthusian）服装（阿尔贝加蒂隶属这一教会），也并未削发。诚然，皮草镶边的红袍有悖于该教会对清贫的崇尚，但是尚未有其他可信的推测，同时期的其他神职人员在勃艮第尼德兰地区也都没有如此重要的政治外交地位。因此，现阶段我们只能接受对画中人身份的既有认定。

参考文献：Ketelsen et al. 2005, 170–175.

17 《喷泉边的圣母》,1439 年

Virgin by a Fountain

安特卫普,皇家艺术博物馆

馆藏编号:411

19cm × 12.2cm(含原框尺寸:24.9cm × 18.2cm)

木板油画

画框上签名及格言:

AΛC IXH XAN, IOH[ANN]ES DE EYCK ME FECIT + [COM]PLEVIT A[N]NO 1439°

    圣母站在两位飞翔的天使举起的荣耀布(cloth of honour)前。圣婴的右手轻轻揽着圣母的脖颈,撒娇般地抱着她,左手提着一串念珠。

    圣母面前位于观众左侧的喷泉,即《根特祭坛画》中间幅中出现的生命恩泉。而它在此处的位置与透视关系,都为这幅袖珍的绘画增加了深度感。圣母背后的花卉与断墙暗示着封闭的花园,象征其贞洁。

参考文献:Dhanens 1980, 295–301.

18 《玛格丽特·凡·艾克像》，1439 年

Portrait of Margaret van Eyck

布鲁日，市立博物馆，格罗宁格博物馆
馆藏编号：000 0GR00162.1
32.6cm × 25.8cm（含原框尺寸：41.2cm × 34.6cm）
木板油画

画框上签名及题跋：
CO[N]IU[N]X M[EU]S IOH[ANN]ES ME [COM]PLEVIT A[N]NO. 1439°. 15°.
IUNII / [A]ETAS MEA TRIGINTA TRIU[M] AN[N]ORUM.AΛL IXH XAN

  与现藏于伦敦的自画像（存疑）一样，这幅凡·艾克的妻子玛格丽特肖像无疑是艺术家留给我们的最私密作品之一。玛格丽特显然密切注视着她的丈夫完成了此画。自 2009 年画面清理工作完成后，这位三十三岁的女子看起来不再那样严肃了。她白色的头纱优雅地垂在角型发髻两侧，衬托着她的面庞；松鼠皮镶边的红色羊毛衣裙，由胸下一条绿带束起。双手是在油彩上色阶段才添加的。画框上露出的一半右手上戴着婚戒。画框上的格言与伦敦国家美术馆的自画像一致（见作品目录 5）。

  此画曾由布鲁日画家协会秘藏，每年只在该协会主保圣人圣路加节日期间展出一次。

参考文献：Dhanens 1980, 302–306.

19 《教堂中的圣母子》，约 1437—1439（？）年

Virgin and Child in a Church

柏林，国家博物馆绘画陈列馆
馆藏编号：525C
31cm × 14cm
木板油画，上缘为半圆形

圣母抱着圣婴站在一座哥特式教堂的中殿里，头戴缀满宝石的金冠，身穿底部绣有金字的红色长裙，外罩一件宽大的蓝色披风。她身处的建筑空间从比例上来说偏小。裙边的金字是神光（divine light）的代指。基于这些元素，潘诺夫斯基得出了令人信服的假设，即圣母在此处是教堂的化身，而背景中的吟唱天使们正在参加祭坛前的圣餐仪式。

尽管19世纪时曾有学者提出质疑，但此画作者为凡·艾克的论点近来已被普遍接受。然而，关于此画完成的时间仍存争议。其技法与《德累斯顿三联画》（约1437年）、《喷泉边的圣母》（1439年）等小型作品比较接近。

从后代的摹本来看，此画可能是凡·艾克更为重要的作品。这些摹本［分别由某位大师于1499年完成，以及由扬·戈塞特（Jan Gossart）完成］也证明《教堂中的圣母子》很可能是一幅双联画的左翼，而右翼已丢失。

参考文献：Panofsky 1953, 144–148; Dhanens 1980, 316–328.

20 《博杜安·德·兰诺伊像》，1431—1441 年

Portrait of Baudouin de Lannoy

> 柏林，国家博物馆绘画陈列馆
> 馆藏编号：525G
> 26cm × 19.5cm
> 木板油画

画中神情严肃的男子是里尔（Lille）总督、金羊毛骑士团（the Order of the Golden Fleece）成员博杜安·德·兰诺伊（Baudouin de Lannoy）。这一推断是基于《阿拉斯合辑》[6]中收录此肖像摹本的著录。他于1431年加入了著名的金羊毛骑士团（因此胸前佩戴着金羊毛勋章），故此肖像必然完成于这一年份之后。

画中人身穿华贵的皮草镶边金色锦袍，头上戴着一顶硕大的帽子，右手握着一柄代表他身份的剑杖。

1428年至1429年间，扬·凡·艾克曾与博杜安·德·兰诺伊一同前往葡萄牙，协商好人菲利普与葡萄牙公主伊莎贝拉的婚事。

参考文献：Dhanens 1980, 329–332.

21 《男子像》（乔瓦尼·阿尔诺芬尼？），1434—1441 年

Portrait of a Man (Giovanni Arnolfini?)

柏林，国家博物馆绘画陈列馆
馆藏编号：523A
29cm×20cm
木板油画

学界公认此画中人即伦敦所藏《乔瓦尼（?）·阿尔诺芬尼与妻子》中的男子——尽管他比柏林所藏阿尔诺芬尼肖像中的男子看起来要年长一些。因此，通常认为此肖像完成于 1434 年之后。

画中人的目光落在其右前方画面之外，并未与观众的视线相接。他身穿一件皮草镶边的大衣，头戴一顶红色风帽。与扬·凡·艾克其他肖像作品相比，此画和《博杜安·德·兰诺伊像》一样，画中人的位置都与画布表面的距离更远。

参考文献：Dhanens 1980, 333–338.

22 《圣方济各接受圣痕》，约 1430—1441 年
Saint Francis Receiving the Stigmata

都灵，萨包达美术馆
馆藏编号：187
29.2cm×33.4cm
木板油画

这幅表现"圣方济各接受圣痕"的木板油画与其藏于费城、尺寸较小的摹本，通常都被认为与安塞姆·阿多纳斯（Anselm Adornes）有关。这位热那亚商人去世后安葬于布鲁日由其家族创建的耶路撒冷教堂（Jerusalem Church）墓地中。1470 年，在前往圣地朝圣之前，他起草了一份遗嘱，声明为两个女儿各留了一张有关圣方济各的油画，他的两位女儿均是半修道院社群中的贞女。

在这幅油画中，阿西西的圣方济各（Saint Francis of Assisi）跪在地上，他的兄弟利奥（Leo）正在充满岩石的风景中安睡。圣方济各面前悬浮着被钉在有翼十字架上的耶稣，而他自己的手脚也出现了与耶稣一样流血的伤痕。弟兄二人之间的风景迢递，远处的水边屹立着一座坚固的城池。

参考文献：Van Asperen de Boer et al. 1997.

23 《圣方济各接受圣痕》，约 1430—1441 年

Saint Francis Receiving the Stigmata

费城，费城艺术馆，约翰·G. 约翰逊收藏
馆藏编号：cat. 314
12.7cm×14.6cm
木板、羊皮纸上油彩

费城所藏的《圣方济各接受圣痕》绘于羊皮纸上，而非直接绘于橡木板上。尺寸大概为都灵所藏版本的四分之一。两个版本的作者归属均存在争议，但是一些材料表明它们与扬·凡·艾克存在直接关联。例如，都灵所藏版本的底稿呈现了凡·艾克绘画的诸多风格特点。

经研究发现，费城所藏版本几乎没有底稿部分，但是此画曾被粘在一块木板上，而这块木板与柏林所藏《阿尔诺芬尼像》和《博杜安·德·兰诺伊像》所用的木板均出自同一棵树。两个版本的圣方济各像都十分精细，绘画风格很接近凡·艾克的其他小尺幅作品。

参考文献：Van Asperen de Boer et al. 1997.

现实主义与技法

自从被意大利传记作家乔尔乔·瓦萨里冠以油画发明者之名后，扬·凡·艾克便享誉欧洲，并无意中为他之后数代尼德兰画家赢得了丹青妙手的美誉。如今我们已经知道，在凡·艾克之前很久就已有画家使用油作为绘画媒介，但他对这一技术进行的突破性改造令画面颜色呈现出前所未有的光泽。凡·艾克只用最优质的材料，并且顺应每种材料的特性，比如调色油的干燥时间长。

凡·艾克的作品均绘制于一枚或多枚用真径锯法[7]切割的波罗的海橡木板上。选择如此高质量的橡木与组装方式，可以有效防止木板胀缩，最大限度保持木板的稳定。

在只用了一块木板的小尺幅画作上，沿着木纹的两侧边框均取材于同一块木板，另外两边再单独裱框；较大尺幅的画作则使用支架固定多块木板，木纹方向均与画作长边一致。这类大尺幅画作的多块木板先镶入木框固定，然后用多层天然石膏和动物胶覆盖框架部分，反复刮擦后得到平滑、洁白的绘画基底。有时画作背面也会以同样的方式处理并装饰。正反两面施色的木板稳定度更高，利于长期保存。

凡·艾克在这种基底上使用笔刷与黑色液体媒材来完成底稿。他还常用细密的影线，以使形状与阴影都精细入微。在这一过程中，凡·艾克也会对构图进行调整。

底稿完成后，凡·艾克将颜料与油调和作画，使用的很可能是亚麻籽油（根据颜料的不同有时会预先煮沸以去除杂质）。他可能还会添加干燥剂以加快画面晾干的速度，但是很难通过化学分析辨明所使用的物质，因此我们关于其技法的这一方面所知有限。

凡·艾克绘画中最常见（也是唯一）的白色颜料为铅白。除了底稿和部分阴影使用骨黑[8]外，画面上便不再有黑色颜料。蓝色为群青和蓝铜，天然的群青色取自产于如今阿富汗地区的青金石矿，通过威尼斯进口至欧洲，因其成本高昂，所以只被用来在蓝铜矿涂层上画龙点睛。红色为朱砂或红色色淀；绿色基本为孔雀绿和铜绿。凡·艾克使用的黄色是铅锡黄。

使用透层（glaze）是凡·艾克绘画技法中最突出的特点，颜料与大量油性介质混合，形成透明的涂层。透层的叠加使用令颜色在视觉上实现混合，透过这些涂层的光线经白色基底反射，呈现出艺术家标志性的光泽效果。这一技法的缺点是每一个涂层都需要很长时间来晾干。浅色的部分涂层较为浑浊，而阴影部分则通常更为透明。

凡·艾克的油画技法如此精妙，在他细致的观察下，每一处细节都能精确转化为绘画涂层。无论是什么材质——皮肤、毛发、金属、宝石、植被甚至是水——在他笔下都展现出原本的物理特性、质感以及反光度。

尽管这正是现实主义的精髓所在，却也不仅止于此。凡·艾克的艺术建立在对自然细致入微的观察之上，但他必然也是一位博学之士，通晓物理（尤其是光学）、植物学、天文学、炼金术（其绘画技法就是力证）、人类特性以及神学。

本书接下来的章节将证实他如何将自己的知识、出色的绘画技法以及写实的表现力融入他超群的绘画之中。

神

"锡安的民哪,应当大大喜乐!耶路撒冷的民哪,应当欢呼!看哪,你的王来到你这里。"[9] 这句经文写在撒迦利亚身后的卷轴上,而他正在读面前打开的书本上自己的预言。与先知弥迦、女先知艾以翡和库迈一样,撒迦利亚预言了基督的降临,《根特祭坛画》外侧先知们下方的《受胎告知》正展示了这一场景。文字与书籍是扬·凡·艾克作品的重要组成部分,它们也是解开他作品中暗含的复杂神学意义的关键。

女先知艾以翡上方卷轴上神秘的文字"上帝的力量渐近，她的声音亦异于俗人"出自维吉尔（Virgil）的《埃涅阿斯纪》[10]，然而在基督教语境中这句话获得了新的含义。尽管扬·凡·艾克有博学多才之誉，学界还是普遍认为如此复杂的图像志是有神学家从旁辅助而得的。

另一方面，大天使加百列的问候"万福玛利亚，满被圣宠者"[11]也是最著名的圣母祈祷文的开篇。

《根特祭坛画》中的《女先知库迈与水槽》（作品目录 3-15）
第 58 页，《根特祭坛画》中的《先知撒迦利亚与大天使加百列》（作品目录 3-13）
第 59 页，《受胎告知》（作品目录 7）

展开的《根特祭坛画》上方，环绕着圣母的文字在其他绘画中也有出现。这段文字强调着光的重要性与象征意义，"（她）比太阳还美丽，压倒一切星座；如与光明相比，她必占优势"（《智慧篇》7：29）以及"她是永远光明的反映，是天主德能的明镜，是天主美善的肖像"（《智慧篇》7：26）。圣母华贵的冠冕上的鲜花是她美德的象征：百合象征纯洁，山百合象征谦逊，楼斗草象征顺从，野玫瑰象征爱。

《根特祭坛画》中的《圣母》（作品目录3-3）

中心的人物可能是上帝或拟人化的三位一体，也可能是基督。通过对三位一体这一复杂神学概念的隐约指涉，凡·艾克呈现了所谓的"不可呈现"者：鲜红色的披风代表圣灵；三重冕[12]代表三位一体。他左手握着一支权杖，脚下有一顶冠冕，象征着俗世中的一切都归于神性的力量。环绕他头顶的文字为："这是上帝，全能因他的荣光，至尊因他的美善，恩典因他的慷慨。"披风边缘珍珠与宝石拼成文字，称其为"王中之王"以及"皇中之皇"。他胸前金色饰带上的希伯来文"Sabaoot"，是上帝的诸多称谓之一。他身后的荣耀布上绣着鹈鹕，"Ihesus Xps"（耶稣基督）的字样与葡萄藤阐明了鹈鹕的含义。当时的人们相信鹈鹕会用自己胸前的肉哺育幼崽，与葡萄（用于酿酒）一样，鹈鹕在此代表着基督为世人做出的牺牲。

《根特祭坛画》中的《神像》（作品目录 3-4）

施洗者约翰被称为"大于凡人、等于天使、律法之和、福音耕种者、使徒之声、先知之穆、世界之羔羊、主之见证"。他最早认出了为世人牺牲生命的基督,并称其为上帝的羔羊。

《根特祭坛画》中的《施洗者约翰》(作品目录 3-5)

画面中的吟唱与奏乐天使形成音乐的通感，令中心人物越发庄严。他们（的音乐）有着"赞美之歌，感恩之歌"的美誉，并用"管弦"赞美上帝。吟唱天使表情各异，暗示着他们表演的是复调音乐。有研究发现扬·凡·艾克修改了演奏管风琴的天使手指弹奏的位置，使其弹奏的和弦更为和谐。

第66页，《根特祭坛画》中的《吟唱天使》（作品目录 3-2）
第67—69页，《根特祭坛画》中的《奏乐天使》（作品目录 3-6）

羔羊胸口流出的鲜血注入圣杯中，象征着上帝之子为了拯救世人被钉上十字架而做出的牺牲，这一中心母题统领着其他重要的宗教元素。祭坛上的圣杯象征着圣餐仪式——天主教为纪念基督的牺牲而举行的圣事。祭坛前的饰布（antependium）上以金色的文字写着："看哪，上帝的羔羊，除去世人的罪孽！"[13] 丝带上的文字为："耶稣是道路、真理、生命。"[14] 祭坛后的天使手持基督的武器；祭坛前的天使则在敬奉羔羊，率先表达着对救世主的敬爱。

《根特祭坛画》中的《神秘羔羊之爱》（作品目录 3-10）

祭坛右侧跪着众使徒，左侧则是众先知，他们中的一些人正在诵读昂贵的手抄本。紧随使徒的是殉道者们，包括根特城的主保圣人圣李维诺（St Livinus，他因舌头被钳出而死，因此手持着象征自己殉道的钳子）。凡·艾克抹去了一位教皇与一位主教之间的另一位主教，在青草间还能隐约看到其法冠的残影。

圣徒们从四面八方涌向圣洁的羔羊。画面右上角女圣徒们从果园与绿植间列队走来，由背负的棕榈叶可知她们均为殉道者。有些圣徒可以通过特征来辨认：圣阿格尼斯的羔羊、圣巴巴拉的塔楼以及圣多罗西亚（Saint Dorothea）手中的花篮。

第72、74—77页，《根特祭坛画》中的《神秘羔羊之爱》（作品目录3-10）

在《最后的审判》中，大天使米迦勒身披镀金盔甲，立在由一具可怖骷髅笼罩的地狱边缘。罪人们被恐怖的魔鬼与怪兽拖拽、吞食、撕扯。

上图及对页，《纽约双联画》中的《最后的审判》（作品目录 2-2）

扬·凡·艾克笔下宗教人物的团体精神（esprit de corps）彰显了他的现实主义。不仅是圣母等主要人物，他自创的一些次要人物（例如奏乐天使），观之亦是惟妙惟肖。圣多纳蒂安独具个性的面容与聚精会神的目光都是其性格的体现。然而，凡·艾克常将圣婴画成有着婴儿身材比例的成年人。与他的同代人、追随者不同，艺术家似乎认为圣婴的神性不能用现实主义的手法来呈现。

第 80、82—83、85 页，《卡农的圣母》（作品目录 8）
第 81 页，《根特祭坛画》中的《奏乐天使》（作品目录 3-6）
第 84 页，《大臣洛林的圣母》（作品目录 9）

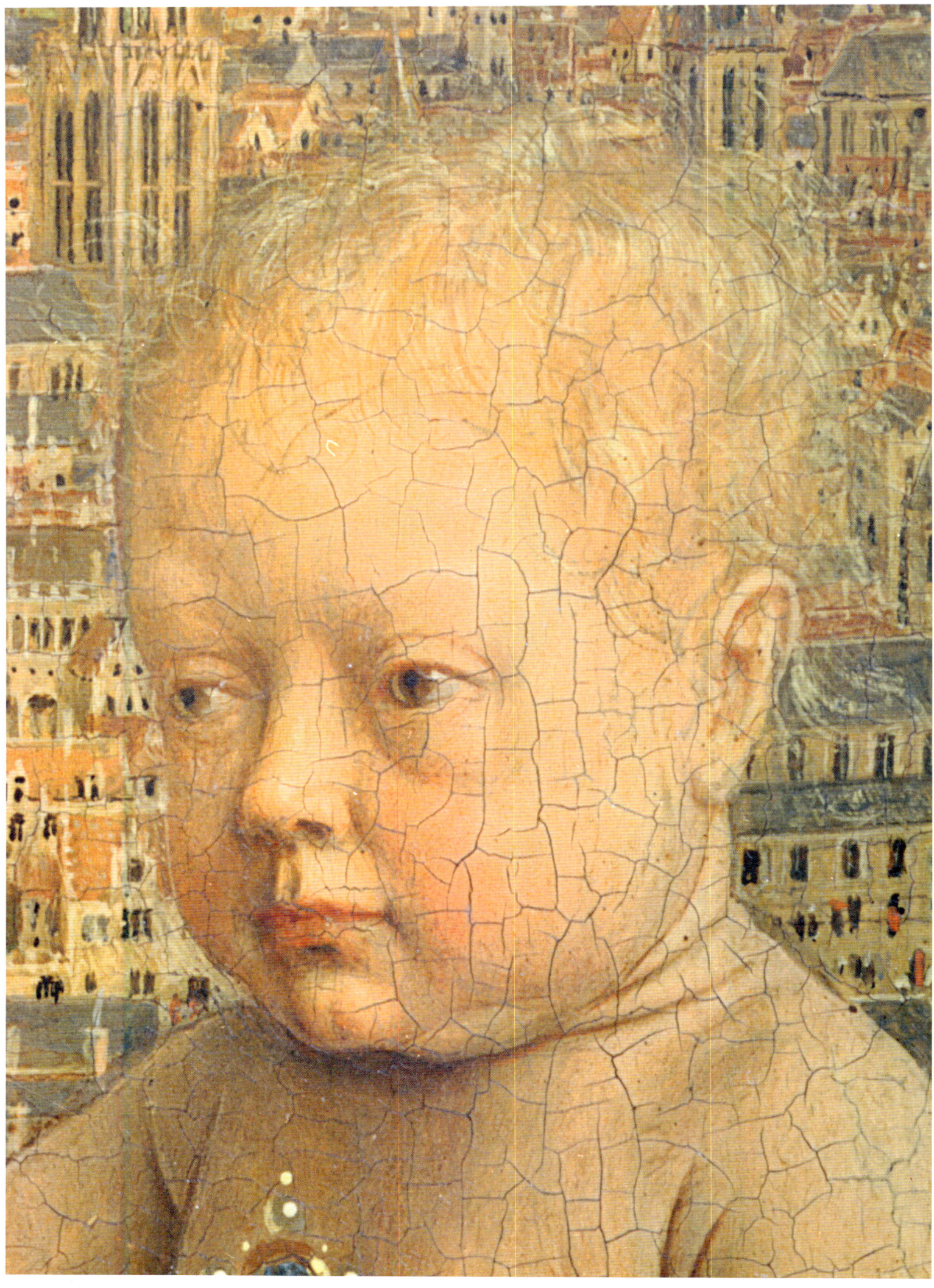

凡·艾克笔下人物的力度和可信度与尺寸和技法息息相关。在较小尺幅的作品中，如圣巴巴拉的素描，艺术家精湛地表现了各种叙事性细节，但圣徒本人却形如玩偶。

《圣巴巴拉》（作品目录 14）

人

扬·凡·艾克的肖像作品生动地再现了人物特征，这在罗马时代之后的西方艺术中前无古人。《根特祭坛画》的捐赠人朱斯·维德与伊丽莎白·勃鲁特，跪着仰望着两尊圣约翰雕像，虔诚而专注。维德皮肤的瑕疵以及皱纹密布的双手体现出他的苍老。尽管衣衫华贵，但红色与绛紫色调令闭合时的祭坛画更加肃穆。

单人像通常为半侧面的半身像，以中性的深色为背景，侧光令画中人仿佛从黑暗中浮现到观众所在的空间之中。人物的双手有时搭在画面边缘，有时持物。这些绘画元素都加强了作品的立体效果。

保存完好的《扬·德·莱乌像》让我们得以欣赏凡·艾克作为肖像画家的精湛技艺。画中人物惊人的实体感，源于对其皮肤上光线的巧妙处理。皮肤的半透明感由透明的颜料涂层得以呈现。无论叠加的透层颜色多深，光线也可以穿透并在泛白色的基底上反射出来。这些技法令皮肤呈现出内在的光泽，从而使人物形象更加写实而富有生机。画中人直接望向观众的目光，虽然带有一丝谨慎，却令画面更加生动。

第88—89页，《根特祭坛画》中的《朱斯·维德》（作品目录3-17）与《伊丽莎白·勃鲁特》（作品目录3-20）
对页，《扬·德·莱乌像》（作品目录11）

玛格丽特·凡·艾克与阿尔诺芬尼的妻子的肖像显然更为繁复。她们面庞的光线柔和，几乎完全露出的额头与纤细的眉毛均是当时时髦的妆容。14世纪晚期贵族与名流女子会将头发在双耳上方编成复杂的角状发髻，再用散发包住。角状发髻上盖着白色亚麻褶边头纱。艺术家倾注了大量心血来刻画这些头饰的体量感。

凡·德·佩勒老态龙钟，有文献记载他因健康问题被免于参加圣诗礼拜。他头上的皱纹与血管精准无比，甚至如今可以作为医学诊断的依据——巨细胞动脉炎显然影响了这位教士的视力。大臣洛林留着当时典型的勃艮第发型，这种发型是其政治地位的象征。如此极致的现实主义在凡·艾克同辈的艺术家中绝无仅有，例如罗吉尔·凡·德尔·维登[15]就倾向于对画中人进行美化。

第92页，《玛格丽特·凡·艾克像》（作品目录18）
第93页，《乔瓦尼（？）·阿尔诺芬尼与妻子》（作品目录6）
对页，《卡农的圣母》（作品目录8）
第96—97页，《大臣洛林的圣母》（作品目录9）

手部在凡·艾克的肖像画中的重要性仅次于头部,不仅颜色醒目,而且传递着画中人的个性。对于画家来说,复杂的手部透视一直是一种挑战。凡·艾克刻画的手部却惟妙惟肖。

《男子像》(迪莫蒂乌斯,忠诚纪念)(作品目录 4)
对页,《扬·德·莱乌像》(作品目录 11)

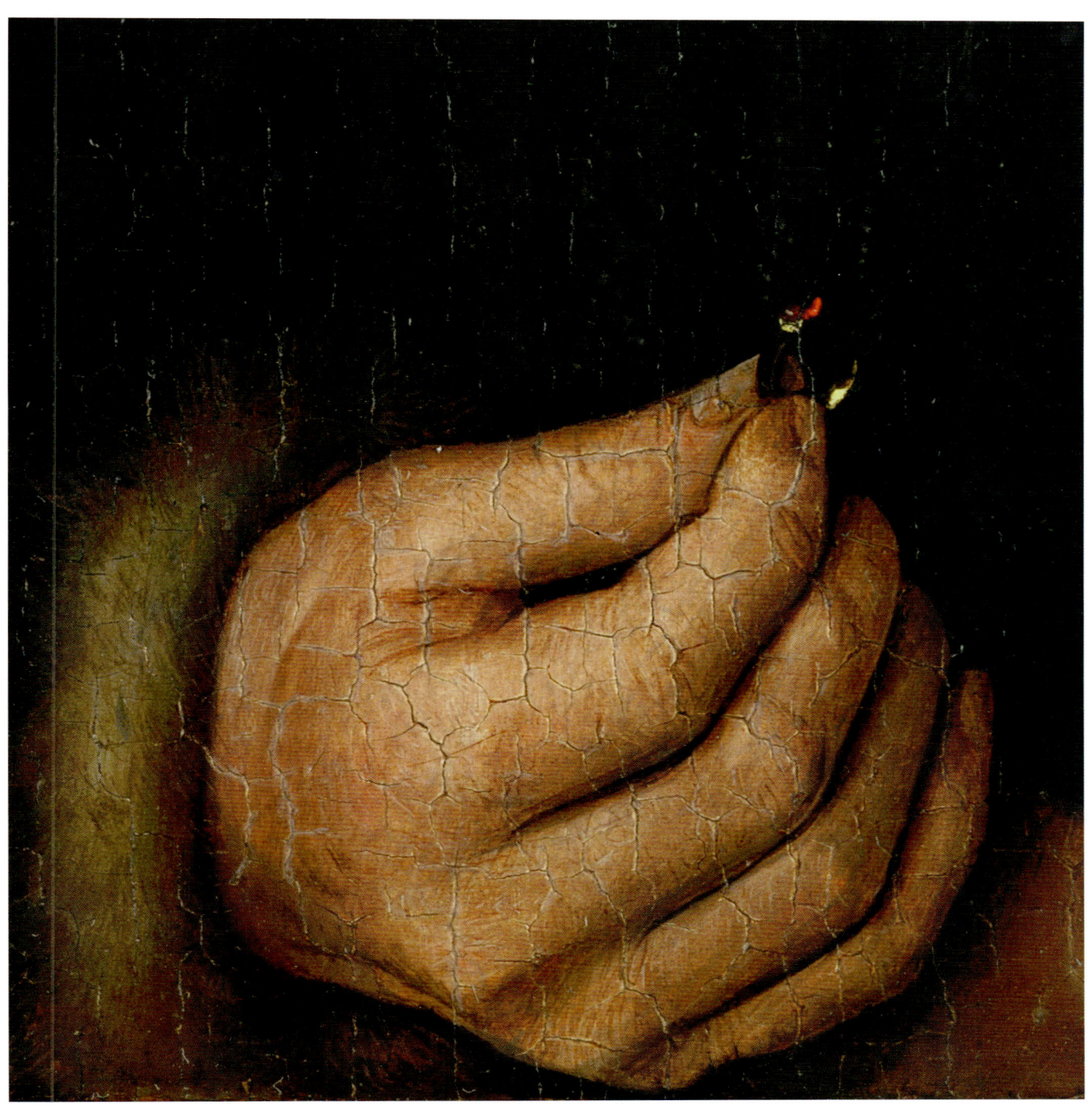

阿尔贝加蒂像精美的习作稿上标注了一套色彩，为油画成品中人物的皮肤颜色提供参照。面部暗面的细腻影线由金属针笔完成，准确地再现了微妙的光影效果。油画版本严格遵循了习作稿，尽管并不如习作那样动人心弦。

《男子像》（应为红衣主教尼古拉·阿尔贝加蒂），习作（作品目录 15）
对页，《男子像》（应为红衣主教尼古拉·阿尔贝加蒂），油画（作品目录 16）

伊丽莎白·勃鲁特的透明面纱用别针固定着，并且上面盖着一大片叠好的白色亚麻布。

《根特祭坛画》中的《伊丽莎白·勃鲁特》（作品目录 3-20）

亚当与夏娃位于祭坛画上方两侧，在各个方面都与其他人物大相径庭。他们并未着锦衣华服，穿金戴银，但因羞愧而遮掩着自己的裸体。他们从幽暗的浅壁龛中浮现，也是仅有的以仰视角度呈现的人物，刚好与观众的视线一致。因此当祭坛画展开时，仅有的两个人类人物使观众更易辨别其身份。

亚当的全身像很可能是借助写生完成的，凡·艾克精湛的技艺突出了人物的存在感，尽管凡·艾克似乎是一根一根地画出了人物的毛发，却通过丰富的形状以及刻画发须时笔刷的巧妙使用避免了千篇一律。右侧的柔和光线照亮了人物的面庞。

《根特祭坛画》中的《亚当、该隐和亚伯》（作品目录3-1）

亚当的躯干在光线下呈现丰富的变化，显示出艺术家对人体结构的深入了解。艺术家在处理私处毛发时使用了刮痕法（sgraffito），即在颜料未干时刮出线痕。

亚当手部与手臂右侧的浅色线条，体现了皮肤的半透明度以及写生绘画的特点。与大臣洛林的手部对比，凡·艾克的现实主义范式也呼之欲出。两幅作品中对手部使用了相似的绘制手法：用红色的细线展示关节的弯曲，并用深色线条对轮廓加以强调。

夏娃微微侧着头，与阿尔诺芬尼的妻子一样，丰满的面庞被以四分之三的视角呈现出现。从亮部到阴影部分的逐渐变化，巧妙地构成了面部肌肤的色调。用来表现面部的色彩中还稍稍混合了一点儿粉色。

《根特祭坛画》中的《亚当、该隐和亚伯》（作品目录 3-1）
第 108—109 页，《根特祭坛画》中的《夏娃、该隐和亚伯》（作品目录 3-7）

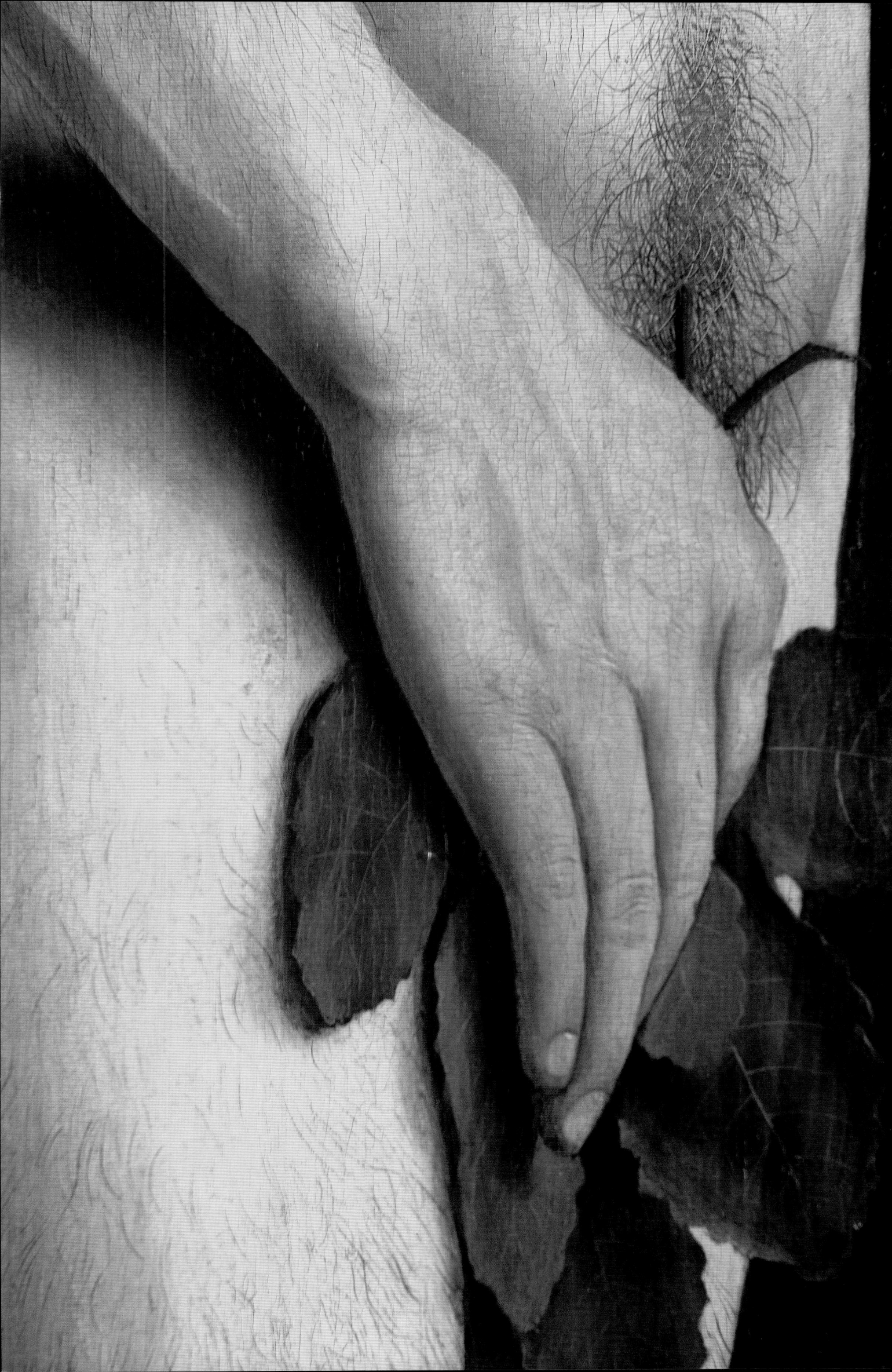

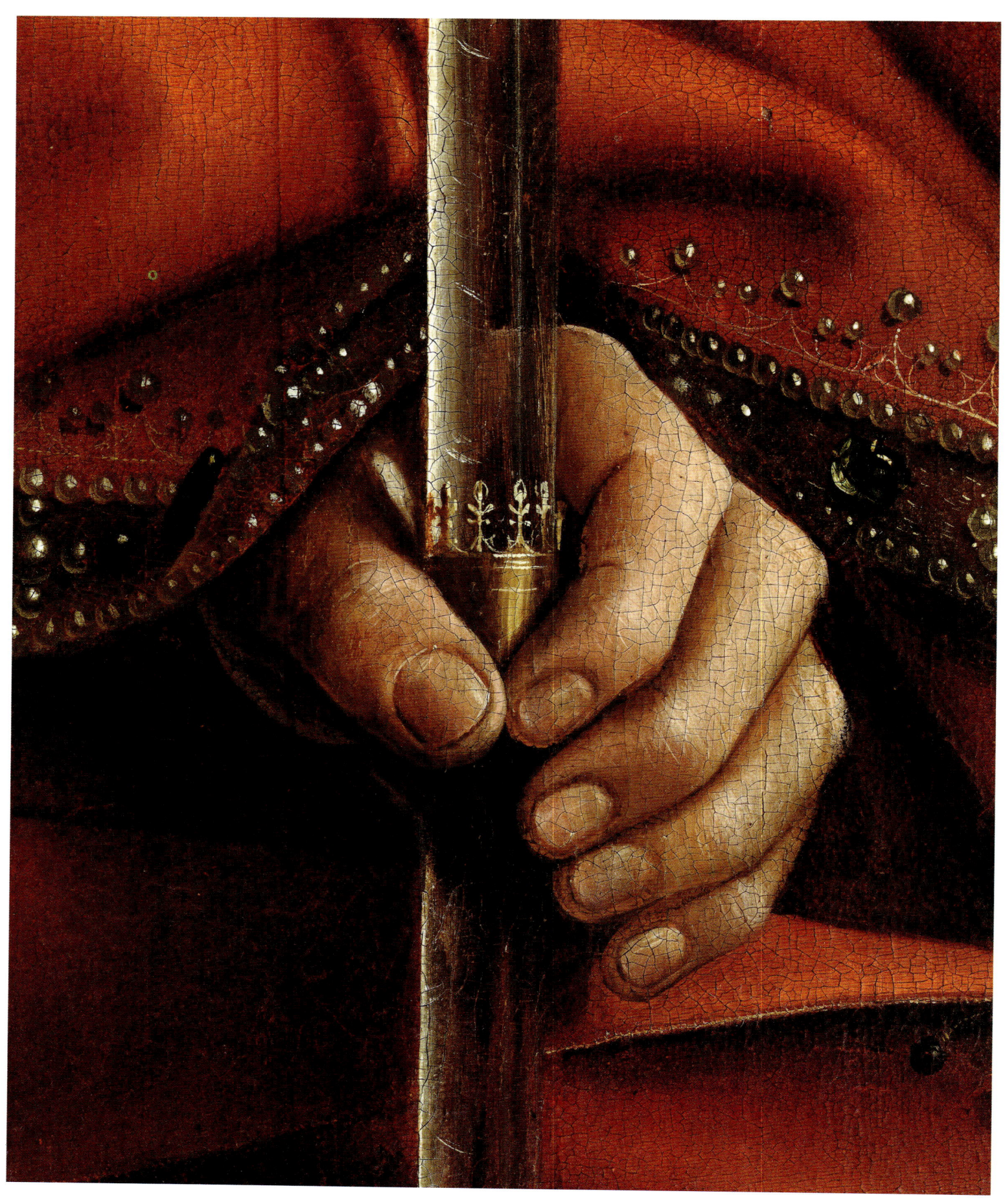

神像与圣约翰的手部如雕塑一般坚实,并呈现出令人信服的透视缩短与实体感。

《根特祭坛画》中的《神像》(作品目录 3-4)
对页,《根特祭坛画》中的《施洗者约翰》(作品目录 3-5)

总体来说,《旧约》男性人物的头像更具多样性与表现力,而女性殉道者们的形象则较为程式化。男性人物的发型与异域发饰也更为丰富。其中一位犹太人帽子上自右向左绣着"יפע",可直译为扬·凡·艾克的姓名缩写。

在绘画完成阶段,凡·艾克加入了线描,对人物表情的刻画起到了画龙点睛的效果。棕红色的线条以强调皱纹,眼部轮廓上用红色加深人物目光的专注感,头发与胡须上则使用黑色线条增加体量感。这些锦上添花之笔可能是为了使人物从远处看更加清晰。而这一现象也与作品的创作归属有关,我们可以推测扬对他哥哥或是其工作室助手的手笔进行了修改。

第 112—115 页,《根特祭坛画》中的《神秘羔羊之爱》(作品目录 3-10)
对页,《根特祭坛画》中的《朝圣者》(作品目录 3-12)

自 然

凡·艾克对自然的钻研是其绘画所表现出的艺术创造力密不可分的组成部分。他在各种光线条件下观察自然环境中的动植物，对结构的透彻理解与洞察秋毫的视觉感知能力，是其惊人的现实主义的基础。从前景到地平线上的一切看起来都细致入微，但是透过显微镜便可以发现许多细节都只是视觉上的暗示。凡·艾克在当时就意识到了如今我们所知的人脑对视觉画面的自动补全现象。

画面内容即使缩印在书本上也依然保持着逼真的效果。沿路前行的人物只有不到一毫米高，是由细小的刷子寥寥数笔完成的。

独特的形状与飞行姿态让我们得以辨认出画面中的鸟类是正在捕捉昆虫的燕子，它们上下翻飞，一只正准备栖落在一棵树上，另外两只已立于梢头，每只燕子均由黑色颜料几笔勾成。

第118—119页，《乔瓦尼（？）·阿尔诺芬尼与妻子》（作品目录6）
《根特祭坛画》中的《朝圣者》（作品目录3-12）

调和油的使用让凡·艾克得以利用更多绘画技巧呈现光线的变化。前景中的树叶使用了泛白的绿色颜料以及锋锐的皴法进行厚涂。林中深处的树枝用间断的黑色线条呈现，树叶则用深绿色颜料画出，并通过添加结合媒介柔化了笔触。不同的笔法与色调暗示着视觉的焦点在前方的枝叶而不是后面的。而更远处位于密林暗处的枝叶则比较模糊。同样，接近地平线的景物因空气中的水分而变得模糊不清。这种对于三维深度的呈现被称为大气透视法。

尽管在草稿中设计的是当地的树木，最终作品中扬·凡·艾克选择的却是地中海柑橘树，这或许与其伊比利亚半岛之行有关。对于 15 世纪的观众来说，这种异域风情令作品越发珍贵而独特。

《根特祭坛画》中的《朝圣者》（作品目录 3-12）
第 124—125 页，《根特祭坛画》中的《隐士》（作品目录 3-11）

画中物种的多样性与植物学的精确性密不可分。百合花或是含苞待放，或是吐露盛开；鸢尾花的枝干被波浪般的长叶遮住；深蓝紫色、体态较小的耧斗草点缀在一片苍翠之间。每朵花的位置都被设计在三维的空间之中。

茂密的藤上结着尚未成熟的葡萄，我们可以由此判断对羔羊的膜拜发生在初夏时节。前景中锋锐的笔触与位于林间透层勾勒的枝叶形成鲜明的对比。

第 127—129 页，《根特祭坛画》中的《神秘羔羊之爱》（作品目录 3-10）

蒲公英和三色堇等野花以简略的笔触画在绿色草地上，草叶以单线勾成，有时使用刮痕法。

白色高光暗示着百合花柔软的质感，作为圣母纯洁品质最常见的象征，百合花也出现在《受胎告知》的场景中。凡·艾克用姿态各异的百合花令画面更具写实效果。

封闭的花园也象征着圣母的纯洁。百合花在这座宫廷花园中占据了显著的位置，孔雀花（在象征着永生与无所不在、全知的基督教堂）也点缀着这座超脱了尘世的豪华宫殿。

上图，《受胎告知》（作品目录 7）
第 131、133—134 页，《根特祭坛画》中的《先知撒迦利亚与大天使加百列》（作品目录 3-13）
第 132、135 页，《根特祭坛画》中的《圣母》（作品目录 3-3）

《大臣洛林的圣母》(作品目录 9)

中世纪的神学家认为印度绿鹦鹉的叫声"Ave"与"万福玛利亚"（Ave Maria）同音，因此绿鹦鹉被认为与"道"（Word）有关。

《卡农的圣母》（作品目录 8）

画中动物不同的动作与表情也透露着真实感,基督精兵的马匹便是显而易见的例证。白褐相间的马骄傲地迈着盛装舞步,黑色的马则激动地发出嘶鸣。马腿的位置在绘画过程中曾被修改,以求更接近真实的解剖学结构。画中的泥土地面上还有马蹄的痕迹。

上图及对页,《根特祭坛画》中的《基督精兵》(作品目录3-9)

阿尔诺芬尼的狗的每根毛发都像是单独画上去的,但是仔细观察便会发现这种毛发蓬松的效果是由不同笔法呈现出来的。透层上准确添加的白色高光突出了眼睛与湿润鼻尖的质感,也与毛发上简略施加的厚涂形成对比。

《乔瓦尼(?)·阿尔诺芬尼与妻子》(作品目录 6)

建筑

伟大的艺术史家欧文·潘诺夫斯基称扬·凡·艾克的视野是显微镜与望远镜的结合，尽管这些技术与凡·艾克的时代不符。近处的细节极度逼真，而远处的景物也令人信服。对于空间的再现，建筑起到了首要的作用。有时画面中会出现整座城市，每一处细节都与考古结果一致，体现出艺术家对建筑结构的深入理解。这些城市景观为研究当时的建筑形式提供了百科全书式的参照，然而学者们目前只完成了对少数建筑的鉴别。

《根特祭坛画》的《受胎告知》中的城市景观就是其中之一。画面中为根特的短巷，短巷尽头为城门。根据一幅19世纪的素描可知正对画面的建筑为禽鸟市场（Vogelmarkt），以及毛织工人礼拜堂的塔尖。这是现今牛街（Koestraat）与市政街（Gouvernementstraat）交会处建筑二楼窗外的实景，此外也是曾经的维德-勃鲁特府邸所在地。建筑与阴影暗示着通往城门的距离，在整幅祭坛画中，只有此处与《受胎告知》（作品目录7）两处场景中的光线是来自左侧。

第 144—145 页，《大臣洛林的圣母》（作品目录 9）
《根特祭坛画》中的《女先知艾以翡与城景》（作品目录 3-14）

大型石质官邸令画面中的城市更具厚重感,这些官邸所谓的"布鲁日跨度"（Brugian spans）结构映衬着一旁有着马鞍状屋顶和阶梯状山墙的店家。栅格状的小房子间穿插着庄严的塔楼。在教堂与塔楼之间,是一座有着勃艮第砖顶的宫殿,精致的哥特式镀金窗花格闪闪发亮——由精细的白色与黄色线条厚涂完成。画面上的笔触稳定,表现出艺术家对三维效果的成竹在胸。部分建筑的画面被覆盖在前方山坡的涂层下方。

这座宏伟的建筑象征着天上的耶路撒冷,即圣奥古斯丁所描述的上帝的城邑。中心为虚构的尼德兰圣墓教堂。镀金窗花格上的反光角度均与维德礼拜堂实际光线的方向一致。

在《大臣洛林的圣母》中,两位男子望向宫墙之外的景色,将观众的目光引向蜿蜒的河流以及在水雾中的模糊的远山。凡·艾克再次展示了非凡的空气透视法技巧。还有一座大型城市沿着河流两岸展开。

《根特祭坛画》中的《女先知艾以翡与城景》（作品目录 3-14）
第 150—153 页,《根特祭坛画》中的《神秘羔羊之爱》（作品目录 3-10）

河中洲渚上有一座宫殿,宫殿的窗户被画成不规则的黑点,而观众自会将其理解为长方形的窗。宫殿在水中的倒影体现出其空间体量。在《都灵-米兰时之书》中,尽管是用蛋彩画法画在更小的尺幅上,凡·艾克也利用了倒影以求逼真的效果。艺术家现实主义的精湛技艺显然不受尺幅与材料影响。

对页,《大臣洛林的圣母》(作品目录9)
《都灵-米兰时之书》中的《施洗者约翰的诞生》(作品目录1-1)

追思弥撒（The Mass of the Dead）的场景被设计在侧视角度的教堂中殿，未完成的肋拱以及细密画框外的砖石结构形成视错觉，令三维空间效果更为明显。在此，凡·艾克描绘了建筑建造期间的场景。柏林所藏《教堂中的圣母子》圆形画中，联拱、拱廊与高窗三者叠加的建筑结构（同样为侧视视角）也呈现了类似的视错觉效果。两幅作品都利用彩绘拱心石强调教堂内部的纵深空间。

《德累斯顿三联画》中建筑上的光线变化比细密画中更为明显。显然是因为调和油使画面的光泽度更高。

上图，《教堂中的圣母子》（作品目录 19）
对页，《都灵－米兰时之书》中的《葬礼弥撒》（作品目录 1-2）

157

华盛顿所藏《受胎告知》中圣母背后的三面窗户象征着三位一体。牛眼格的彩绘玻璃窗外似乎绿意盎然。圣母的文字上下颠倒,以便自上而下飞落的圣灵阅读,也令画面空间更为复杂。凡·艾克在《根特祭坛画》的《受胎告知》中也使用了同样的手法。

现藏于柏林的《教堂中的圣母子》与现藏于华盛顿的《受胎告知》原本均朝向东侧的唱诗班,因此画面中左侧来自北方的光芒不可能是自然光,而是象征着神的光。华盛顿藏画中这一象征更为明显:化身为鸽子的圣灵沿着金色的光芒飞落;而在柏林藏画中,光线的象征则深藏不露。

第158、161页,《受胎告知》(作品目录7)
第160页,《教堂中的圣母子》(作品目录19)

此外,《根特祭坛画》的《受胎告知》场景中,神圣的光源来自左侧的一对双联窗,这几乎与整个祭坛画上的光源方向均相反。一部分强光照向窗户右侧,但是却并未在圣母左侧的衣饰上体现出来,这也是《根特祭坛画》上罕见的失误之一。

结构和谐的建筑与对称的构图相得益彰。使徒的雕像(呈现为"教会柱石")以及立柱的装饰柱头均是强调建筑法则的母题。但是它们也并非一成不变,而是通过细微的变化巧捷万端。

圣母子与乔里斯·凡·德·佩勒所在的中心建筑中的柱头装饰基本类似。精雕细琢的石料与光滑的大理石立柱形成对比,嵌在金属框架中的圆形玻璃窗格与华盛顿所藏《受胎告知》(作品目录 7)中的几近相同。

《根特祭坛画》中的《先知弥迦与圣母》(作品目录 3-16)
第 164—165 页,《德累斯顿三联画》中的《教堂内部宝座上的圣母子》(作品目录 12-2)
第 166—167 页,《卡农的圣母》(作品目录 8)

《圣巴巴拉》中在建的教堂内部的轮毂,再一次证明了凡·艾克对建筑结构的细致观察,以及对史实细节的关照。

《圣巴巴拉》(作品目录 14)

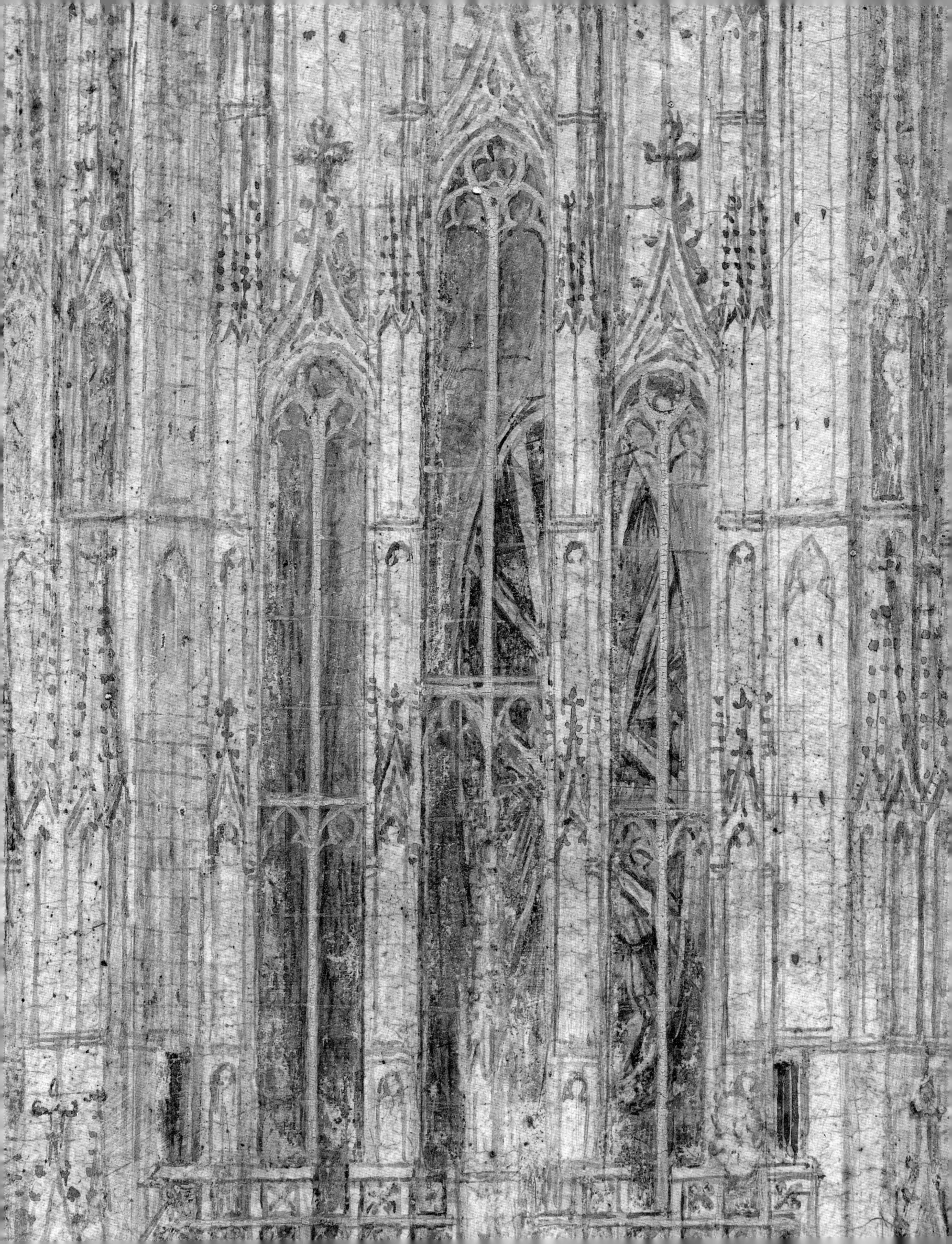

室内场景中的人物与装饰花砖体现着华贵的装饰风格。此外为《旧约》的场景——参孙（Samson）在神殿，以及大卫与歌利亚，场景四周环绕着星座符号。参孙与腓力士人（Philistines）的决战以及大卫对歌利亚的胜利，象征着基督战胜世间的邪恶。而星座符号则是时间流逝的传统象征。

奏乐天使脚下的"上帝的羔羊"花砖既指代祭坛画中心的膜拜场景，也指代一旁的施洗者约翰。此类花砖当时由西班牙瓦伦西亚（Valencia）进口至尼德兰。

第170—171页，《受胎告知》（作品目录7）
《根特祭坛画》中的《奏乐天使》（作品目录3-6）

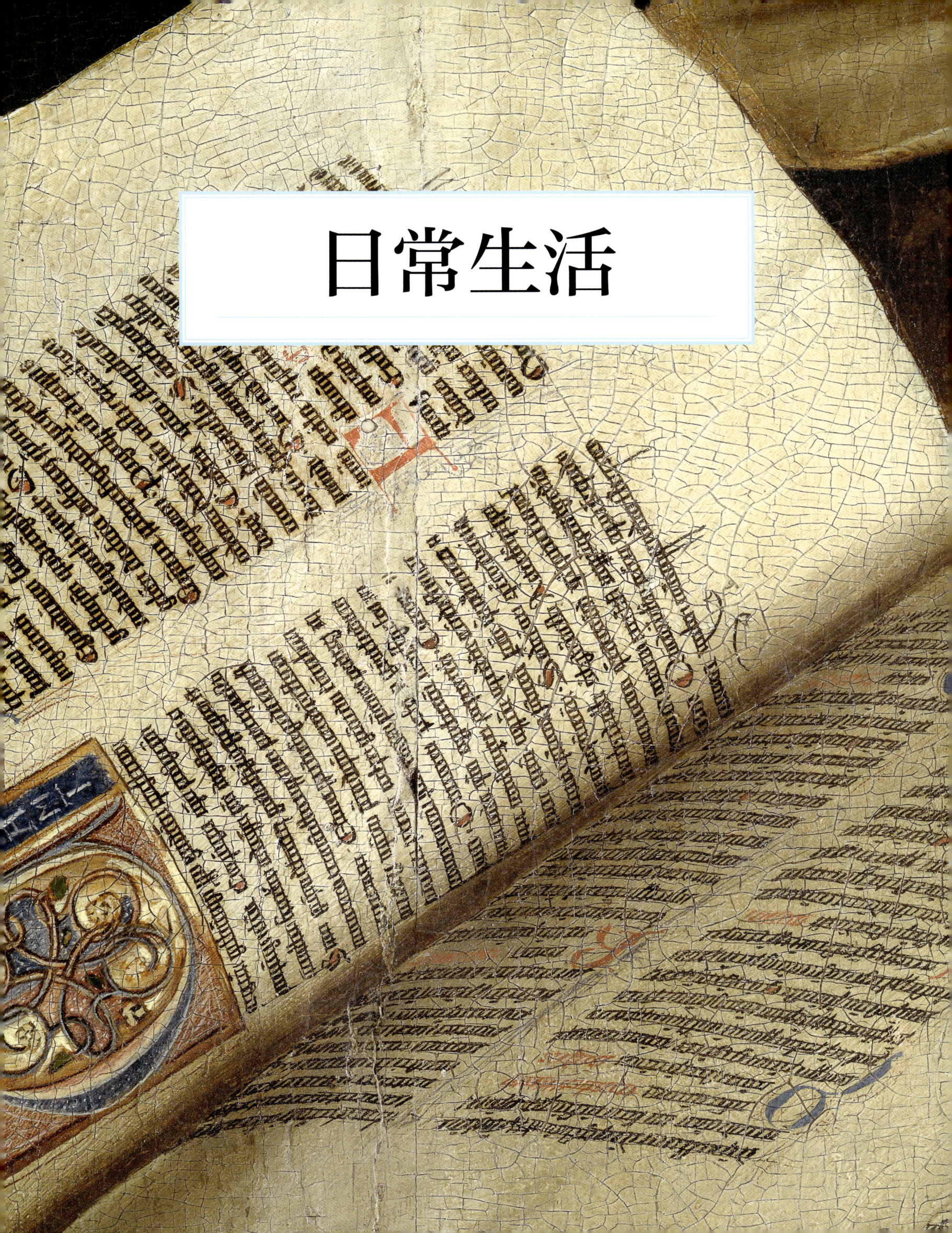

日常生活

凡·艾克的所有作品共同构成了 15 世纪日常生活与物质文化的丰富资料来源。艺术家对他所在时代的社会生活观察入微并加以再现，例如一条熙熙攘攘的街道。我们可以看到两个人在房屋门口碰面，一位男子从窗内眺望街上的行人，或是一个大人正在训斥小孩。

即使是尺幅很小的画面，例如《大臣洛林的圣母》背景中的城景，也描绘着各种各样的城市生活场景：我们可以看到骑马的人，一群在树荫下聊天的人，以及为日常生活来回奔波的人们。

画面中的人们在一座教堂附近走动，沿着台阶上上下下，路过商贩的摊位。在港口周围，船只停靠在码头，行人穿梭如织，一艘渡船正在过河，水力磨石正快速转动。尽管人物只有不到一毫米高，凡·艾克也在方寸之间展示了丰富的经济生活场景。

第 174—175 页，《根特祭坛画》中的《施洗者约翰》（作品目录 3-5）
《大臣洛林的圣母》（作品目录 9）

建筑工地上的工人们在辛勤地劳动。衣着华贵的人骑着马巡查,工人们则在翻动巨大的圆石,另一位工人在用独轮车搬运石块。有两人在准备砂浆,还有人搬着一个容器送给石匠。在一个工棚里,石匠们在一位建筑师的监督下切割建造立柱所用的石鼓。贵族们在工地附近漫步。塔楼顶部的一位工人监视着吊车。

在一片墓地上,两位神父在葬礼仪式期间拿着圣水走动。

第178—180页,《圣巴巴拉》(作品目录14)
上图,《都灵-米兰时之书》中的《葬礼弥撒》(作品目录1-2)

神圣的场面被日常图景取代。伊丽莎白生产施洗者约翰时，她的丈夫正坐在窗边的长椅上读书。在这幅 15 世纪中产阶级家庭内景中，室内的壁画与门上方木架上的白镴器皿、铜碗、烛台均显示出了此家庭的富裕。彩绘玻璃窗上为家族族徽，长椅上铺着蓝色与绿色的天鹅绒垫。一旁正要坐在凳子上的女子带着一名幼子。一条狗咬着骨头，一只猫舔着碗里的牛奶。

教堂唱诗席上放着一位显赫人物——可能是荷兰、泽兰、埃诺伯爵（Count of Holland, Zeeland and Hainaut）——的灵柩台，追思弥撒之后的哀悼者们背对着画面。两只狗的出现，为这一神圣的事件增添了日常的趣味。

第 182—183 页，《都灵－米兰时之书》中的《施洗者约翰的诞生》（作品目录 1-1）
《都灵－米兰时之书》中的《葬礼弥撒》（作品目录 1-2）

《乔瓦尼（？）·阿尔诺芬尼与妻子》中的凸面镜框上是《基督受难记》（The Passion）的十个场景。镜中不仅有室内的景象，也让观众得以窥见中产阶级家庭中通常不为人知的一面。我们可以看到木质的地板与挂着枝形吊灯的天花板、有帷幔的床、抽屉柜、窗户，以及两个人物正在进入室内。

铜质吊灯的透视缩短尤为出色，共有六个分支，其中一支燃着一根蜡烛。部分学者认为这象征着婚姻圣事中上帝的在场。

画中男士脱下了他沾满泥土的套鞋，它们显然与橡木地板使用了不同的木料。木套鞋上缝着一根皮带。而女士则将她红色的拖鞋放在了房间后面的长椅边。

第 187—191 页，《乔瓦尼（？）·阿尔诺芬尼与妻子》（作品目录 6）

法政牧师乔里斯·凡·德·佩勒手捧着由一张软皮包裹以防损坏的祈祷书，右手还握着他的花镜。

《卡农的圣母》（作品目录8）

东方风格的地毯一侧有磨损的痕迹,铺在台阶上的地毯羊毛纤维间的空隙彰显着地毯的厚度。

《卡农的圣母》(作品目录 8)

静物画，例如《受胎告知》右侧的静物，是对各种材质的展示。壁龛第一层的架子上摆着羊皮纸书（其中一本带有装饰）和一只木质或是骨质的容器。下层则有一只白镴水壶、一支烛台和一只鼻烟壶。

《卢卡圣母》的玻璃水瓶和铜盆边也有一支类似的烛台。在一首著名的圣母赞歌中，将圣母的贞洁比作透过玻璃的光芒。注满水的水盆也是纯洁的象征。

《根特祭坛画》中的《先知弥迦与圣母》（作品目录3-16）
右图，《卢卡圣母》（作品目录10）

  家具与日常用品随处可见。这个哥特式橱柜里摆着各式各样的餐具：罗马式高杯（Roemer）、黄铜水壶、玻璃杯、碗、柳条筐、陶罐、黄铜盘。打开的抽屉柜中有一些亚麻布与其他器具。

  床上红色的帷幔挂在铁杆上，铁杆由绳索固定在天花板上。

《都灵－米兰时之书》中的《施洗者约翰的诞生》（作品目录1-1）

天使演奏的乐器被再现的精确程度如此之高，以至于可以根据画面重新制作。一位天使演奏管风琴，羽管键琴旁的天使轻轻拍着另一位同伴的肩膀，提示他开始演奏维奥尔琴（viola da gamba）。这些有趣的细节也增强了画面的真实感。

《根特祭坛画》中的《奏乐天使》（作品目录 3-6）

质　感

扬·凡·艾克是能够准确呈现各种材料质感的艺术先驱之一。比起从前将黄金与宝石直接加在画面上，凡·艾克用颜料与调和油就可以直接再现黄金与宝石。研究不同材料反射与吸收光线的特性，并准确画出自己所见，使凡·艾克绘画中的现实主义因此而越绝前人。油画颜料适用于从不透明到透明的各种颜色阈值、色调与饱和度。能够用油画颜料掌控并再现各种质感与材料，正是凡·艾克的伟大之处。

圣母头部和缀满珠玉与鲜花的冠冕上施加的铅白，体现着凡·艾克技法的张力。白色高光添加的位置，与光线在百合花、珍珠、皮肤等不同质地上反射的方式完全吻合。因此，铅白既突出了皮肤的光滑，也体现了花朵的柔软与珍珠的圆润。

从高光的位置来看，神像红袍上成百上千的珍珠均处于来自右上方的同一个光源下。凡·艾克精通光学，熟知光线在珍珠内部的折射会在高光对侧形成第二重反光，同时在珍珠所处的表面投下阴影。金色的锦缎镶边由赭石底色上铅白与铅锡黄画出的短线呈现。这些短线的方向与明暗均与布料褶皱的形态一致。

第202—203页，《根特祭坛画》中的《圣母》（作品目录3-3）
《根特祭坛画》中的《神像》（作品目录3-4）

圣多纳蒂安的十字法杖处在背光的位置，水晶一侧的边缘画有不透明的白线，另一侧则几乎看不到，以此呈现出水晶透明的质地。金属以三种不同的棕色画出，高光部分则使用了不同透明度的铅锡黄。

《卡农的圣母》（作品目录 8）

　　圣徒的法冠缀满了珍珠、红宝石与祖母绿,它们错落有致地镶嵌在由金线构成的菱形图案之间。

　　吟唱天使面前的讲台饰有哥特式窗花格图案,周围则是各式材料。讲台由一座铜架支撑,上面放着一部羊皮纸手抄本。讲台旁边色彩绚烂的是红色丝绒上镶有金线的合唱长袍。

《卡农的圣母》(作品目录8)
第210—211页,《根特祭坛画》中的《吟唱天使》(作品目录3-2)

饰有上帝像的金扣也体现出了凡·艾克对凹凸的金属表面上光线变化的细致观察。颜料厚涂的小圆点凸显了三维效果。蓝宝石上倒映着的是维德礼拜堂的窗户。画家用画笔末端在白色颜料上刮出了窗花格的轮廓。

绘制出锦缎的逼真质感的方式有多种。与同时期的意大利绘画不同，在凡·艾克笔下，织物上的花纹顺应着自然的褶皱，锦缎制成的合唱长袍与十字裾似乎具有了体积和重量。更重要的是，这种现实主义是由不同绘画技巧共同实现的。在天鹅绒布的底色上画着割绒的花纹与金线织锦，高光根据不同材料的亮度有着不同的透明度，暗处的锦线由极细的线条绘成。

凡·艾克在此也使用了刮痕法令光线效果更为丰富。细看之下，颜料添加得当，浓淡适宜，尽管织物的纺线不是单独绘制的，从一定距离上观看仍然根根分明。同样，圣多纳蒂安十字裾边缘用所谓"填金法"（aurifrisia）装饰的使徒像，尽管看起来如同刺绣，却是用简单的绘图技巧完成的。

第 212—214 页，《根特祭坛画》中的《吟唱天使》（作品目录 3-2）
第 216 页，《受胎告知》（作品目录 7）
第 217 页，《卡农的圣母》（作品目录 8）
第 218 页，《根特祭坛画》中的《奏乐天使》（作品目录 3-6）
第 219—221 页，《卡农的圣母》（作品目录 8）

阿尔诺芬尼妻子衣袖上复杂的镂空纹样既加强了画面的立体感,也令其衣饰更富层次感。

演奏管风琴的天使坐在一张黄铜折叠椅上,艺术家使用渐变的颜色与羽状的黄色高光实现对金属管质感的模仿。

《乔瓦尼(?)·阿尔诺芬尼与妻子》(作品目录6)
第224—225页,《根特祭坛画》中的《奏乐天使》(作品目录3-6)

生命恩泉的龙头上倒映着维德礼拜堂的窗影。喷泉的水流由不连贯的白色细线精心绘制。放大之后便可看到由厚涂法谨慎添加的高光。

《根特祭坛画》中的《神秘羔羊之爱》（作品目录 3-10）

基督的两位精兵——圣米迦勒与圣乔治——身披全副铠甲。铠甲表面复杂的反光一定曾令艺术家头痛不已。红色的旗杆与流苏衣袖倒映在护胸甲上，护肩甲则似乎映照着画面之外的空间。

《卡农的圣母》中圣乔治的铠甲更为花哨，镶嵌着珍珠与宝石。圣乔治的头盔上映现着多个圣母的倒影。羽状的高光由淡黄色颜料厚涂完成，呈现出金属表面的质感。

第228—229页，《根特祭坛画》中的《基督精兵》（作品目录3-9）
对页，《卡农的圣母》（作品目录8）

《卡农的圣母》（作品目录 8）
第 234 页，《根特祭坛画》中的《基督精兵》（作品目录 3-9）
第 235 页，《卡农的圣母》（作品目录 8）

整齐的管风琴音管也展示了规则亮面上复杂的反光效果。凡·艾克熟练掌握各种反光效果与绘画技巧，因此能通过绘画呈现金属的不同质地。与其他试图达到这一境界的艺术家不同，凡·艾克从不满足于固定的程式，而是坚持观察自然，模仿自然。

《根特祭坛画》中的《奏乐天使》（作品目录3-6）

在绘制木质或石质雕像时，扬·凡·艾克通过单色绘画（使用不同灰度）展示了自己对色调的熟练把握。精致的外形、阴影，以及如马德里所藏《受胎告知双联画》中白色的大理石像在壁龛中黑色亮面石板上的投影，都极大地增强了画面的三维效果与体量感。

《根特祭坛画》中的《吟唱天使》（作品目录 3-2）
第 240—241 页，《受胎告知双联画》（作品目录 13）
第 242 页，《根特祭坛画》中的《夏娃、该隐和亚伯》（作品目录 3-7）
第 243 页，《根特祭坛画》中的《施洗者约翰》（作品目录 3-18）

241

译者注

[1] 雨果·凡·德·古斯（Hugo van der Goes，约 1430/1440—1482 年）：佛兰德斯画家，擅长宗教画和肖像画。流传至今且能够确认出自古斯之手的作品并不多，但从这些有限的作品中仍能看出，他借助通过色调来描绘明暗关系，以单一灭点来组织画面空间等方式发展出的现实主义绘画风格，对佛兰德斯绘画的发展有着重要意义。据信他因过于追求画面的完美而深感焦虑，最终导致了精神崩溃。

[2] 拉丁门前圣若望圣殿节：此节日为纪念圣约翰殉道所设，1960 年废除。

[3] 出自《启示录》22：1。

[4] 蒂莫特乌斯（Timoteos of Milete，约公元前 446—公元前 357 年）：古希腊音乐家、诗人，创作了许多关于神话和历史人物的音乐作品。据说他因在竖琴上增加了琴弦数量，而招致斯巴达人和雅典人的不满。

[5] 原文为直径，有误，修改为半径。

[6]《阿拉斯合辑》（Recueil d'Arras）：完成于 16 世纪中期的一套肖像手稿，因其现存地法国北部城市阿拉斯而得名。该合辑包含 289 位具名历史人物的画像，其中包括凡·艾克这幅《博杜安·德·兰诺伊像》的摹本。

[7] 真径锯法：以木材圆心为中心呈放射状切割的方法，此种切割方式耗时长、成本高，但却是保持木材稳定的最佳切法。

[8] 骨黑：将动物骨骼灼烧至炭化后获得的材料，色泽浓度高，着色力强，作为颜料使用有悠久的历史。

[9] 出自《撒迦利亚书》9：9。

[10]《埃涅阿斯纪》（Aeneid，公元前 30—公元前 19 年）：古罗马诗人维吉尔创作的一部拉丁史诗，讲述了特洛伊人埃涅阿斯流浪到意大利，并成为罗马人祖先的传奇故事。

[11] 出自《圣母经》。

[12] 三重冕（papal tiara）：14世纪至20世纪中叶天主教教皇佩戴的头冠，是由三层珠宝装饰的高冠。

[13] 出自《约翰福音》1：29。

[14] 出自《约翰福音》14：6。

[15] 罗吉尔·凡·德尔·维登（Rogier van der Weyden，1399/1400—1464年）：重要的早期弗莱芒画家，擅长宗教画和肖像画，在欧洲享有盛誉，是15世纪最有影响力的北方画家之一。他的作品用色明亮而温暖，容易唤起观众的情感共鸣，但其人物面部往往带有理想化特征。

参考文献

Ainsworth, Maryan W. and Keith Christiansen (eds.), *From Van Eyck to Bruegel: Early Netherlandish Painting in The Metropolitan Museum of Art*. Exhibition catalogue, New York, The Metropolitan Museum of Art, 1998, pp. 86-89.

Billinge, Rachel, Hélène Verougstraete and Roger Van Schoute, 'The Saint Barbara' in Foister, Jones and Cool 2000, pp. 41-48.

Borchert, Till-Holger, *The Age of Van Eyck. The Mediterranean World and Early Netherlandish Painting, 1430-1530*, Ghent: Ludion, 2002.

Campbell, Lorne, Susan Foister and Ashok Roy (eds.), 'Methods and materials of Northern European painting', *National Gallery Technical Bulletin*, 18, 1997, pp. 6-55.

Campbell, Lorne, *National Gallery Catalogues. The Fifteenth-Century Netherlandish Paintings*, London: National Gallery Company, 1998, pp. 174-223.

Châtelet, Albert, *Jan van Eyck enlumineur: les Heures de Turin et de Milan-Turin*, Strasbourg: Presses Universitaires de Strasbourg, 1993.

Châtelet, Albert, *Hubert et Jan van Eyck créateurs de l'Agneau mystique*, Dijon: Éditions Faton, 2011.

Comblen-Sonkes, Micheline and Philippe Lorentz, *Corpus de la peinture des anciens Pays-Bas méridionaux et de la Principauté de Liège au quinzième siècle, 17. Musée du Louvre Paris*. II, 2 vols, Brussels, 1995, I, pp. 11-80; II, pl. IX-L.

Coremans, Paul (directed by), *L'Agneau mystique au laboratoire: examen et traitement*, Antwerp: De Sikkel, 1953.

De Mey, Marc, 'Jan van Eyck and the Representation of Glow', in Anna De Floriani and Maria Clelia Galassi (eds.), *Culture figurative a confronto tra Fiandre e Italia dalcm XV alcm XVII secola*, Milan: Silvana Editorale, 2008, pp. 19-29.

Dhanens, Elisabeth, *Het retabel van het Lam Gods in de Sint-Baafskathedraal te Gent (Inventaris van het kunstpatrimonium van Oost-Vlaanderen, 6)*, Ghent, 1965.

Dhanens, Elisabeth, *Hubert and Jan van Eyck*, Antwerp: Fonds Mercator, 1980.

Eichberger, Dagmar, *Bildkonzeption und Weltdeutung im New Yorker Diptychon des Jan van Eyck*, Wiesbaden: Dr. Ludwig Reichert Verlag, 1987.

Foister, Susan, Sue Jones and Delphine Cool (eds.), *Investigating Jan van Eyck*, Turnhout: Brepols, 2000.

Gifford, Melanie, 'Van Eyck's Washington Annunciation: Technical Evidence for Iconographic Development', *The Art Bulletin*, 81, 1, 1999, pp. 108-116.

Hand, John Oliver and Martha Wolff, *Early Netherlandish Painting*, Washington, D.C.: National Gallery of Art, 1986, pp. 76-86.

Hand, John Oliver, Catherine Metzger and Ron Spronk, *Prayers and Portraits: Unfolding the Netherlandish Diptych*. Exhibition catalogue, National Gallery of Art, Washington, D.C., and Koninklijk Museum voor Schone Kunsten, Antwerp, 2006, cat. 8, pp. 70-77, 282.

Harbison, Craig, *Jan van Eyck. The Play of Realism*, London: Reaktion Books, 1991.

Janssens de Bisthoven, Aquilin, Marguerite Baes-Dondeyne and Dirk De Vos, *Les Primitifs Flamands I. Corpus de la peinture des anciens Pays-Bas méridionaux au quinzième siècle. I. Musée Communal des Beaux-arts (Musée Groeninge) Bruges*, 3rd edition, Brussels, 1981, vol I, pp. 194-233.

Ketelsen, Thomas, Ina Reiche, Olaf Simon and Silke Merchel, 'New Information on Jan van Eyck's Portrait Drawing in Dresden', *The Burlington Magazine*, vol. 147, no. 1224, 2005, pp. 170-175.

Koster, Margret L., 'The "Arnolfini Double Portrait" – A simple solution', *Apollo*, 158/499, 2003, pp. 3-14.

Marrow, James, Silvia Pettenati and Anne H. Van Buren, *Heures de Turin-Milan: Inv. no. 47 Museo Civico d'Arte Antica Torino - Commentaire*, Luzern: Luzern Faksimile Verlag, 1996.

Martens, Maximiliaan P.J., 'Patronage', in B. Ridderbos, A. van Buren and H. van Veen (eds.), *Early Netherlandish Paintings: Rediscovery, Reception and Research*, Amsterdam: Amsterdam University Press 2005, pp. 344-377.

Neihardt, Uta and Christoph Schölzel, 'Jan van Eyck's Dresden Triptych Barbara' in Foister, Jones and Cool 2000, pp. 25-40.

Pächt, Otto, *Van Eyck and the Founders of Early Netherlandish Painting*, London: Harvey Miller Publishers, 1994 (German ed. München: Prestel Verlag, 1989).

Panofsky, Erwin, *Early Netherlandish Painting. Its Origins and Character*, 2 vols, New York: Icon Editions, 1971 (first ed. Cambridge (Mass.): Harvard University Press, 1953), vol. 1, pp. 178-246; vol. 2, pl. 109-169.

Paviot, Jacques, 'La vie de Jan van Eyck selon les documents écrits', *Revue des archéologues et historiens d'art de Louvain*, 23, 1990, pp. 83-93.

Paviot, Jacques, 'The Sitter for Jan Van Eyck's "Leal Sovvenir"', *Journal of the Warburg and Courtauld Institutes*, 58 (1995), pp. 210-215.

Praet, Danny & Martens, Maximiliaan P.J. (eds.), *Het Lam Gods. Van Eyck: Kunst, Geschiedenis, Wetenschap en Religie*, Ypres: Hannibal, 2019.

Preimesberger, Rudolph, 'Zu Jan van Eycks Diptychon der Sammlung Thyssen-Bornemisza', in *Zeitschrift für Kunstgeschichte*, 54 (1991), pp. 459-489.

Roy, Ashok, 'Van Eyck's Technique: The Myth and the Reality, I', in 'Barbara' in Foister, Jones and Cool 2000, pp. 97-100.

Sander, Jochen, *Niederländische Gemälde im Städel, 1400-1550* (Kataloge der Gemälde im Städelschen Kunstinstitut, Frankfurt am Main, 2, herausgegeben von Klaus Gallwitz und Jochen Sander), Mainz 1993, pp. 245-263.

Van Asperen de Boer, J. R. J., 'Over de techniek van Jan van Eyck's De Heilige Barbara', *Jaarboek van het Koninklijk Museum voor Schone Kunsten*, Antwerp, 1992, pp. 9-18.

Van Asperen de Boer, J. R. J. et al., *Jan van Eyck: Two Paintings of Saint François Receiving the Stigmata*, Philadelphia, Penn.: Philadelphia Museum of Art, 1997.

Van der Velden, Hugo, 'The quatrain of the Ghent Altarpiece', *Simiolus*, 35/1-2, 2011, pp. 5-39.

Weale, W. H. James and Maurice W. Brockwell, *The Van Eycks and their Art*, London: John Lane, The Bodley Head, 1912.

White, Raymond, 'Van Eyck's Technique: The Myth and the Reality, II', in 'Barbara' in Foister, Jones and Cool 2000, pp. 101-106.

图片来源

已尽一切努力联系图片的版权所有者。未能联系到的或不正确的版权所有者，请联系出版方。

bpk/Gemäldegalerie, SMB, photos Jörg P. Anders: pp. 44-45, p. 47, p. 156, p. 160 /Scala, Ministero Beni e Att. Culturali: p. 48 /Staatliche Kunstsammlungen Dresden, photos Hans-Peter Klut: p. 35, pp. 164-165 /The Metropolitan Museum of Art: p. 15, pp. 78-79

Lukas-Art in Flanders vzw/KMSKA, photos Hugo Maertens : p. 39, p. 42, p. 87, p. 169, pp. 178-180 /Musea Brugge Groeningemuseum, photos Hugo Maertens: p. 27, p. 43, p. 80, p. 83, p. 85, p. 92, p. 95, p. 138, pp. 166-167, pp. 193-194, p. 206, p. 208, p. 217, pp. 219-221, p. 230, p. 233, p. 235 /Cathedral of St Bavo, Ghent, photos Hugo Maertens: pp. 17-19, pp. 52-53, pp. 55-56, p. 58, p. 61, pp. 63-64, pp. 66-69, pp. 71-72, pp. 74-77, p. 81, pp. 88-89, pp. 103-104, pp. 107-115, p. 117, pp. 121-122, pp. 124-125, pp.127-129, pp. 131-135, pp. 140-141, p. 146, pp. 149-153, p. 163, pp. 173-175, p. 196, pp. 201-203, p. 205, pp. 210-214, p. 218, pp. 224-229, p. 234, p. 237, p. 239, pp. 242-243

Musée du Louvre (Grand Palais), Paris © RMN/Gérard Blot: p. 29, p. 84, pp. 96-97, p. 136, pp. 144-145, pp. 176-177

Museo Civico, Turin: p. 13, p. 155, p. 157, pp. 181-184, pp. 198-199

National Gallery of Art, Washington: p. 26, p. 59, p. 130, p. 159, p. 161, pp. 170-171, p. 216

Philadelphia Museum of Art: p. 49

Scala, Florence/De Agostini Picture Library: p. 41, p. 101 /Museo Thyssen-Bornemisza, Madrid: p. 37, pp. 240-241 /Photo Austrian Archivess: p. 33, p. 91, p. 99

Staatliche Kunstsammlungen Dresden: p. 40, p. 100

Städel Museum/ARTOTHEK, photos U. Edelmann: p. 31, p. 197

The National Gallery, London: pp. 22-23, p. 25, p. 93, p. 98, pp. 118-119, p. 143, pp. 187-191, p. 222, pp. 250-251

图书在版编目（CIP）数据

细节中的凡·艾克 /（比）马克西米利安·马滕斯，
（比）安尼克·伯恩著；刁卓译. —石家庄：河北教育
出版社，2021.7
（细节中的艺术家）
书名原文：Van Eyck in Detail
ISBN 978-7-5545-6338-0

I.①细… II.①马…②安…③刁… III.①凡·爱
克（Van Eyck, Jan 1384-1441）- 传记 IV.
①K835.635.72

中国版本图书馆 CIP 数据核字（2021）第 040069 号

Van Eyck in Detail by Maximiliaan P. J. Martens & Annick Born
© 2012 Ludion and Maximiliaan P. J. Martens & Annick Born
All rights reserved. No part of this publication may be reproduced or transmitted in any form or by a ny means, electronic or mechanical, including photocopy, recording or any other information storage and retrieval system, without prior permission in writing from the publisher.
Simplified Chinese language copyright © 2021 by Phoenix-Power Cultural Development Co., Ltd.
All rights reserved.

本书中文简体版专有出版权经由中华版权代理总公司授予北京凤凰壹力文化发展有限公司。

著作权合同登记号　图字：03-2020-207 号

书　　名	细节中的凡·艾克
著　　者	〔比〕马克西米利安·马滕斯　〔比〕安尼克·伯恩
译　　者	刁　卓
出 版 人	董素山
总 策 划	贺鹏飞　张　辉
策　　划	游艺堂
责任编辑	王　哲
特约编辑	郭小扬
装帧设计	鹏飞艺术

出　　版	河北出版传媒集团 河北教育出版社　http://www.hbep.com （石家庄市联盟路 705，050061）
印　　制	济南新先锋彩印有限公司
开　　本	787mm×1092mm　1/12
印　　张	21
字　　数	170 千字
版　　次	2021 年 7 月第 1 版
印　　次	2021 年 7 月第 1 次印刷
书　　号	ISBN 978-7-5545-6338-0
定　　价	238.00 元

版权所有，侵权必究

《乔瓦尼（？）·阿尔诺芬尼与妻子》（作品目录 6）

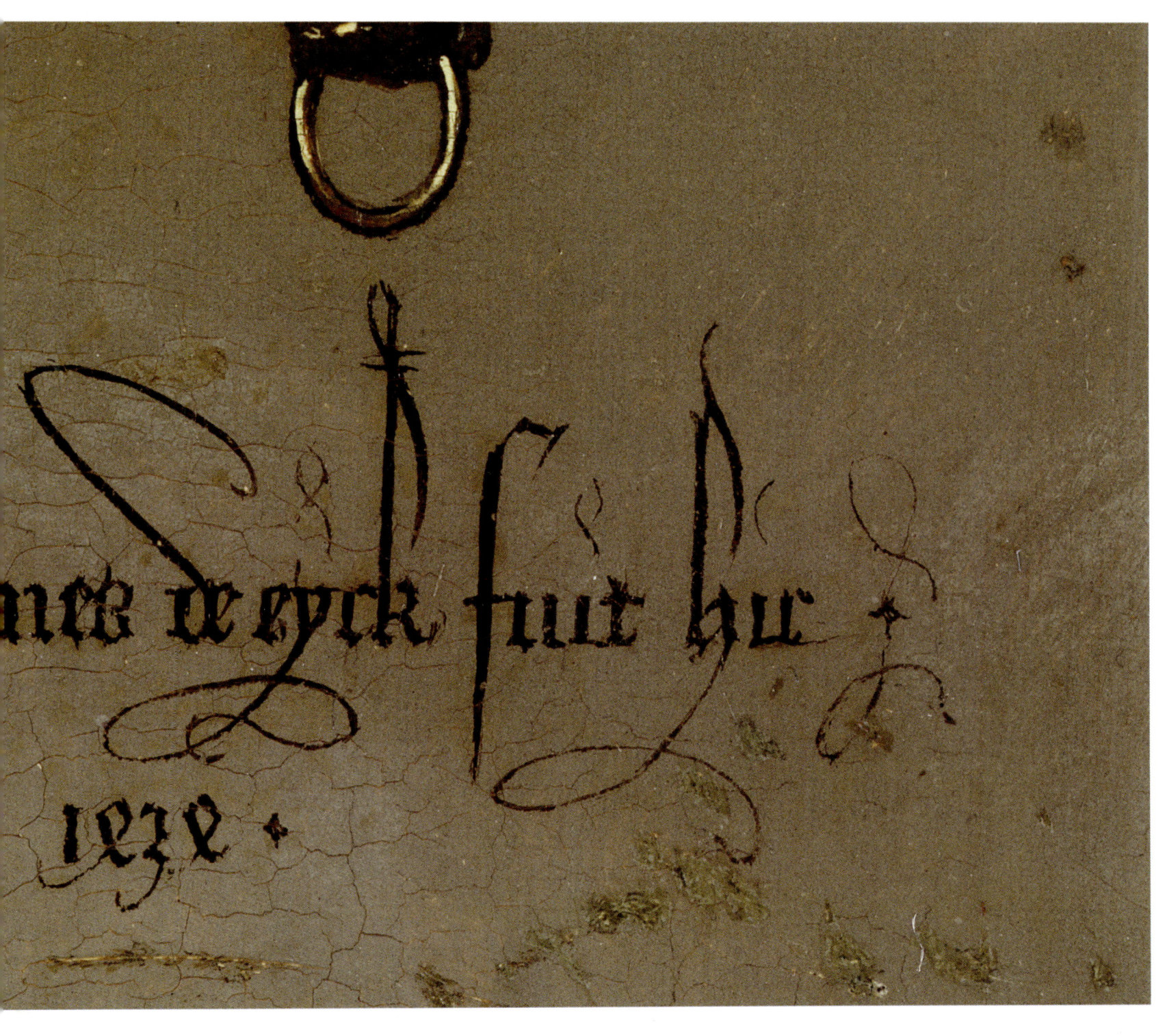